Babyspiele

für das erste Lebensjahr

Inhaltsverzeichnis

Vorwort	S. 3
Kapitel 1 Erster Monat	**S. 5**
Willkommen auf der Welt!	
Das kann Ihr Baby schon & das können Sie fördern	S. 6
Das macht Ihr Baby glücklich	S. 8
Selbermach-Tipp: Ein Mobile basteln	S. 14
Für Mama	S. 16
Gut zu haben!	S. 17
Geschwisterzeit	S. 18
Baby an Bord: Das Wichtigste rund um Tragehilfen	S. 20
Kapitel 2 Zweiter und dritter Monat	**S. 23**
Ihr Baby wächst - mit allen Sinnen!	
Das kann Ihr Baby schon & das können Sie fördern	S. 24
Das macht Ihr Baby glücklich	S. 26
Selbermach-Tipp: Einen Greifling herstellen	S. 34
Für Mama	S. 36
Gut zu haben!	S. 37
Geschwisterzeit	S. 38
Wickeln: So geht's ohne Geschrei	S. 40

Kapitel 3 Vierter, fünfter & sechster Monat — S. 43
Entdecken & erforschen: Das liebt Ihr Baby!

Das kann Ihr Baby schon & das können Sie fördern	S. 44
Das macht Ihr Baby glücklich	S. 46
Selbermach-Tipp: Regenmacher und Rassel	S. 52
Für Mama	S. 54
Gut zu haben!	S. 55
Geschwisterzeit	S. 56
Zähneputzen: So wird es zum Lieblingsritual Ihres Kindes	S. 58

Kapitel 4 Siebter, achter & neunter Monat — S. 61
Ihr Kind wird mobil – und seine Welt ein Stück größer

Das kann Ihr Baby schon & das können Sie fördern	S. 62
Das macht Ihr Baby glücklich	S. 64
Selbermach-Tipp: Alleskönner Kartons	S. 70
Für Mama	S. 72
Gut zu haben!	S. 73
Geschwisterzeit	S. 74
Schlafen: So klappt es!	S. 76

Kapitel 5 Zehnter, elfter & zwölfter Monat — S. 79
Auf den eigenen Beinen

Das kann Ihr Baby schon & das können Sie fördern	S. 80
Das macht Ihr Baby glücklich	S. 82
Selbermach-Tipp: Fühlstraße für kleine Krabbler	S. 88
Für Mama	S. 90
Gut zu haben!	S. 91
Geschwisterzeit	S. 92
Herzlichen Glückwunsch zum ersten Geburtstag!	S. 94
Dein erstes Jahr	S. 96

Kapitel 1

Erster Monat

Willkommen auf der Welt!

Das kann Ihr Baby schon & das können Sie fördern

Auch wenn Sie den Eindruck haben, in diesen ersten Wochen auf der Welt isst und schläft Ihr Kind nur: Es entwickelt sich jetzt schon ständig weiter! Zunächst sichern ihm aber seine angeborenen Reflexe das Überleben – hier die wichtigsten im Überblick:

Der Suchreflex: Gleich nach der Geburt sucht Ihr Baby die Brust, wenn es Hunger hat. Testen Sie mal: Wenn Sie Ihr Baby sanft an der Wange oder dem Mundwinkel berühren, wird es seinen Kopf diesem »Reiz« zuwenden. Der Reflex verliert sich etwa im dritten Lebensmonat, dann findet Ihr Baby die Nahrungsquelle selbst.

Der Saug- und Schluckreflex: Ihr Baby beginnt automatisch zu saugen, wenn es etwas im Mund hat. Beim Stillen oder dem Fläschchentrinken sichern ihm die beiden Reflexe das Sattwerden: Es saugt und schluckt automatisch, wenn sich genug Milch angesammelt hat. Ab dem vierten Monat verschwinden beide Reflexe allmählich, Ihr Baby könnte theoretisch schon mit dem Löffel essen.

Der Moro-Reflex: Er sollte das Baby ursprünglich vor dem Runterfallen schützen. Sie beobachten die Reaktion, wenn Sie Ihr Baby zu schnell ablegen oder es erschrickt: Dann breitet es die Arme mit gespreizten Fingern aus und zieht sie anschließend sofort wieder zum Körper, wobei es die Hände zu Fäusten schließt, als ob es sich festklammern würde. Man kann den Reflex ungefähr bis zum vierten Lebensmonat beobachten.

Der Greifreflex: Er lässt Ihr Baby alles umschließen, was seine Hand berührt – und auch die Zehen rollen sich leicht ein, wenn man die Fußsohle berührt. Etwa ab dem vierten Monat wird der Reflex vom bewussten Greifen abgelöst.

Auch der Schreitreflex (Ihr Kind macht Gehbewegungen, wenn man es aufrecht unter den Achseln hält), der Kriechreflex (Krabbelbewegungen, sobald das Baby Druck auf seinen Füßen spürt) und der Stehreflex (die Beinchen versteifen sich, wenn Sie in aufrechter Haltung den Boden berühren) sind angeboren.

In der Regel verlieren sich die Reflexe in den nächsten 8 bis 12 Wochen. Doch keine Sorge, wenn das nicht der Fall ist: Die meisten Fachleute sind heute der Meinung, dass der Zeitraum und die Bandbreite, wann Kinder etwas lernen und in welcher Reihenfolge, sehr groß sind. Sie folgen keinem festgelegten Bauplan, sondern lernen über ihre Umgebung, also über das, was Sie Ihnen anbieten:

Sie, Ihr Gesicht und Ihre Stimme sind für Ihr Neugeborenes noch die schönste »Beschäftigung« und die beste Förderung zugleich: Zwar ist das Sehvermögen Ihres Kindes noch nicht voll ausgereift – es sieht Dinge nur bis etwa 20 Zentimeter Entfernung, und dann am besten starke Farbkontraste. Doch wir beugen uns meist instinktiv nahe genug zu unserem Baby hinunter. Durch melodisches Sprechen, Lächeln, Ihren vertrauten Geruch und vor allem durch sanfte Berührungen können Sie aber nicht nur das Urvertrauen Ihres Kindes stärken. Auch die Verbindung der mehr als 100 Millionen Nervenzellen, die schon von Geburt an bei Ihrem Kind angelegt sind, wird so gefördert.

Das macht Ihr Baby glücklich

Nähe!

Ihr Baby ist ein Tragling. Denn abgelegt zu werden, bedeutet evolutionsbedingt gesehen Gefahr: In Urzeiten hätte ein wildes Tier das kleine Bündel davonschleppen können. Und zum anderen ist Liegen einfach noch sehr ungewohnt nach den vielen Monaten in der Embryostellung, umhüllt von der Fruchtblase. Drei Tragemöglichkeiten, die jede Menge Nähe schenken und zugleich praktisch sind:

Die Wiegehaltung:

Eine schöne Position, um mit Ihrem Baby zu kommunizieren, wenn es wach ist. Oder es hin- und herwiegen: Dazu ruht es mit dem Kopf in der linken Ellenbeuge. Ihre linke Hand ist unter seinem Po, Daumen und Zeigefinger umfassen den Oberschenkel des Kindes. Mit der rechten Hand können Sie den Bauch Ihres Babys wärmen.

Die Schlafhaltung:

Drehen Sie Ihr Kind aus der Wiegehaltung etwas mehr zu sich, sodass es bäuchlings an Ihrem Oberkörper liegt. Sie können sein Gesicht auch mit einem Tuch bedecken, das Sie sich über die linke Schulter legen.

Die Bauchwehhaltung:

Vielleicht muss Ihr Baby mal aufstoßen? Das geht am besten, wenn Sie es aufrecht halten, sein Kinn ist über Ihrer Schulter, der Bauch ruht an Ihrer Brust. Gehen die Blähungen nicht weg, kann der Wechsel in den Fliegergriff helfen, weil sich die angestaute Luft im Bauch dann besser lösen kann.
Und so geht´s:
Stützen Sie mit der linken Hand die linke Schulter des Babys. Die rechte gleitet zu seinem Bauch. Nun drehen Sie Ihr Kind langsam um, sodass sein Körper auf Ihrem rechten Unterarm und das Köpfchen in der rechten Ellenbeuge ruht.

Extra-Tipp: Das hilft noch gegen Bauchweh

Bieten Sie Ihrem Baby zwischen den Still- oder Fläschchenmahlzeiten auch mal etwas warmen Kümmel- oder Fencheltee an. Und: Versuchen Sie einen Abstand von etwa drei Stunden zwischen den Milchmahlzeiten einzuhalten. Trinkt Ihr Kind jede halbe Stunde, ist die vorherige Mahlzeit noch nicht verdaut, auch das kann an Bauchschmerzen schuld sein. Die Ursache könnte aber auch in Ihrem eigenen Speiseplan liegen. Schränken Sie sich aber nicht sofort ganz ein, sondern lassen Sie mal für ein paar Tage Zwiebeln weg, dann Kohl, dann Hülsenfrüchte. Hilft das nicht, streichen Sie eine Zeit lang Kuhmilch und Käse aus der eigenen Ernährung: Vielleicht verträgt Ihr Stillbaby sie nicht.

Übrigens: Ob Ihr Baby Bauchschmerzen hat, erkennen Sie daran, dass es viel weint und ständig die Beinchen zum Bauch zieht und schnell wieder ausstreckt.

Der Fliegergriff

So kommt Ihr Kind zur Ruhe

Fußspielchen ...

Mit einer kleinen Fußmassage tun Sie sich und Ihrem Baby gleich dreifach Gutes: Kalte Füße werden wieder mollig warm, weil das Streicheln die unzähligen Sinneszellen dort und somit die Durchblutung anregt. Außerdem werden durch die zarte Berührung jede Menge Glückshormone ausgeschüttet. Und für Sie selbst ist es ein inniger, bewusster Moment mit Ihrem Kind.

Halten Sie ein Füßchen sanft mit der linken Hand umfasst. Mit einem Finger der rechten Hand nun sanft von der Ferse nach oben oder an der Außenkante entlangstreichen. Auch Greifen üben ist jetzt schon drin: Ein Finger berührt die Ferse, ein anderer wird quer unter die Zehen gelegt – wetten, Ihr Kind wird versuchen, Ihren Finger mit seinen Zehen zu »umklammern«?

Tipp: Auch eine Feder oder ein Igelball eignen sich perfekt für die Fußmassage.

... und Handkreise

Sie wirken beruhigend auf Ihr Baby – und wärmen kalte Händchen: Streichen Sie dazu mit dem Daumen sanft in kreisförmigen Bewegungen über die Handinnenfläche des Babys. Bewegen Sie sich von außen nach innen. Auch das Massieren einzelner Finger kann entspannend für das Kleine sein – und ihm beim Einschlafen helfen: Dazu jeden Finger einzeln zwischen Daumen und Zeigefinger nehmen und durch sanftes Streicheln vom Ansatz bis zur Fingerspitze öffnen. Beginnen Sie am kleinen Finger und arbeiten Sie sich bis zum Daumen vor.

Kuscheln

Natürlich können und sollen Sie mit Ihrem Kind kuscheln, wo es gerade passt oder Ihnen gefällt. Noch bewusster fällt die Schmusezeit allerdings aus, wenn sie auch immer wieder am gleichen Ort stattfindet: zum Beispiel in einer Ecke im Kinderzimmer, die Sie mit Decken und Kissen gemütlich gestalten. Oder in einem kleinen Kinderzelt, das für gedämpftes Licht sorgt. Das Gute an diesen Kuschelorten: Sie bleiben für Jahre wichtig. Zum Kuscheln, Lesen – oder wenn es später in der Trotzphase mal das erste Schmollen gibt.

Schaukeln

Sanftes Wiegen ist Balsam für ein Baby, denn das kennt es noch aus dem Bauch. Aber auch Ihnen tut das Schaukeln gut – es entspannt und sorgt für ein inniges Zusammensein. Ein Schaukelstuhl oder eine Hängematte ist dafür ideal.

Extra-Tipp: Die richtige Haltung

Dieser Griff gibt Ihrem Baby nicht nur Sicherheit und Halt, wenn Sie es aus einer liegenden Position nach oben nehmen - es übt dabei auch, seinen Kopf alleine zu halten.

Man nennt diesen Griff auch Schalengriff, weil die Hände eine Art Schale bilden. Schieben Sie Ihre Hände vorsichtig unter den Rücken Ihres Babys - der Daumen ruht dabei auf dem Brustkorb, die anderen Finger am Rücken sind leicht gespreizt. Jetzt drehen Sie das Baby leicht zu einer Seite (am besten immer zu einer anderen) und nehmen es dabei langsam hoch.

Und jetzt noch umgekehrt, das sichere Ablegen:

Auch das klappt gut über die Seite - zuerst sollten Füße und Hüfte die Unterlage berühren, dann die Schultern und schließlich der Kopf. Und dann erst drehen Sie Ihr Kind auf den Rücken. Legen Sie Ihr Kind zu schnell ab, erschrickt es: Es zuckt erst zusammen und »fällt dann auseinander«. Dabei handelt es sich um den sogenannten Moro-Reflex (siehe auch S. 6), der es vor dem Runterfallen schützen soll.

Das liebt Ihr Kind, wenn es wach ist

Gefühle rauslassen

Wie seine Haut, sind auch die Ohren Ihres Kindes voll auf Empfang gestellt: Sprechen Sie deshalb von Anfang an viel mit Ihrem Kind – wenn Sie es stillen, wickeln oder anziehen. Und übertreiben Sie es ruhig mit dem warmen, herzlichen Tonfall: Ihre Stimme gibt dem Baby Sicherheit. Jetzt schon, und auch für die ganzen nächsten Jahre sehr wichtig – sprechen Sie die Gefühle Ihres Kindes aus: »Jetzt bist du müde« oder »Das ist aber ein trauriges Gesicht« – so lernen Kinder von Anfang an, dass man Gefühle in Worte fassen kann.

Plauderpause im Liegestuhl

Und zwar bei Mama: Setzen Sie sich auf den Boden, den Rücken gemütlich an der Wand oder Couch abgestützt und die Beine angewinkelt. Legen Sie Ihr Baby nun so auf Ihre geschlossenen Oberschenkel, dass sein Po in Ihrem Schoß ruht, und seine Beinchen etwas angezogen sind. Babys lieben diese leicht gebeugte Haltung, weil Sie ihnen Geborgenheit gibt – Sie kennen sie ja noch aus Mamas Bauch. Wenn Sie jetzt noch mit Ihrem Kind sprechen oder ihm ein Lied vorsingen, wird die Zweisamkeit noch inniger.

Kitzeln, küssen, prusten

Ein zarter Kuss für das Füßchen, sanftes Kitzeln am Bauch, vorsichtiges Prusten am Ohr – für Ihr Kind sind diese Berührungen nicht nur ein Zeichen Ihrer Liebe. Es merkt auch, wie beweglich es ist, denn die unterschiedlichen Berührungen aktivieren seine Sinneszellen, es bekommt ein Gefühl für seine einzelnen Körperteile.

Nesthocken

Gewohnt an seine Embryohaltung, möchte Ihr Baby jetzt am liebsten auch noch möglichst rund liegen – helfen Sie ihm dabei: Ein Schwimmreifen mit einer kuscheligen Decke darüber oder eine Wolldecke, die zusammengerollt zum Kreis gelegt wird, sind perfekte Nester für Ihr Baby. Sein Kopf und seine Füße liegen auf dem dicken Teil der Rundung auf, Po und Rücken sind nach unten rund – so fühlt es sich sicher und geborgen.

Selbermach-Tipp:

Ein Mobile basteln

Auch wenn die Bewegungen des Babys zunächst reflexartig sind – Dinge, die über ihm hängen, regen seine Neugier an. Starke Ideen für selbst gemachte Mobiles gibt es so viele, dass man die Qual der Wahl hat. Andererseits gibt es auch verschiedene Orte, an denen man sie aufhängen kann – über dem Bett, über der Wickelkommode, am Kinderwagenverdeck. Hier zwei unkomplizierte Versionen zum Nachbasteln.

Kleiner Tipp: Kräftige Farben und Kontraste kann Ihr Baby jetzt schon wahrnehmen – verwenden Sie deshalb zum Beispiel rote oder schwarz-weiß gemusterte Dinge. Und: Alle Dinge müssen doppelt oder dreifach festgebunden werden, damit sie sich nicht lösen können. Am besten auch die Schnur doppelt nehmen, dann kann Ihr Kind sie nicht abreißen.

Variante 1

Dazu brauchen Sie:

- einen Styroporring
- drei oder vier Styroporkugeln in unterschiedlichen Größen
- Wasserfarben
- Wollschnüre

Bemalen Sie die Styroporteile in kräftigen Farben. Die Kugeln mehrfach mit einer Schnur umwickeln und gut verschnüren – ein längeres Ende des Fadens sollte dann noch übrig sein. Die Kugeln nun am Styroporring befestigen, sodass sie unterschiedlich weit herunterhängen. Das Mobile mit Schnüren an einem Haken über dem Bett oder der Wickelkommode befestigen – fertig.

Variante 2

Dazu brauchen Sie:

- einen Besenstiel
- ausrangierte CDs
- bunte Indianerfedern
- Wollschnüre

CDs und Federn (auch die Styroporkugeln können hier zum Einsatz kommen) mit den Schnüren am Besenstiel befestigen. Stiel quer übers Bettchen legen – schon haben Sie ein flexibles Mobile.

Für Mama:
So geht es Ihnen jetzt, das brauchen Sie

Wie der Babybesuch nicht zur Belastung wird

Oma und Opa. Onkel Peter und Tante Marianne. Und natürlich all die lieben Freundinnen: Sie alle wollen Ihr süßes Baby sehen. Und Sie? Möchten jetzt vor allem Ruhe und »Dreisamkeit« mit Ihrem Kind und dem Papa. Aber Sie möchten natürlich auch niemanden vor den Kopf stoßen. Drei Ideen, wie der Babybesuch nicht zum Kraftakt wird – in der Klinik und zu Hause:

- Im Krankenhaus: Hier haben Sie noch die meiste Unterstützung für sich und das Baby. Laden Sie alle Verwandten und Freunde schon dorthin ein. Und wenn es zu viel wird, kann man ohne schlechtes Gewissen an die Besuchszeiten erinnern, die sich jetzt dem Ende nähern. Oder die nette, eingeweihte Krankenschwester tut das für Sie.

- Zuhause: Einen »Tag der offenen Tür« planen: Alle können zum Babygucken kommen. Wichtig: Legen Sie einen festen Zeitraum fest, bereiten Sie Tee und Kaffee in der Thermoskanne vor, und: Sagen Sie nicht Nein, wenn Ihre Gäste anbieten, Kuchen mitzubringen!

- Gilt immer: Wenn auch nur ein einziger Gast Ihre Kräfte übersteigen würde, dann lassen Sie ihn auch nicht kommen. Und wenn Sie das so sagen, wird auch niemand böse sein: »Wir brauchen noch etwas Zeit für uns. In zwei Wochen freuen wir uns aber sehr über euren Besuch.« Das Gleiche funktioniert auch als Ansage auf dem Anrufbeantworter.

Gut zu haben!

In diesem Monat:

Ein kleiner Waschbottich für das erste Bad

Wenn der Nabel vollständig verheilt, also auch keine Kruste mehr zu sehen ist, können Sie Ihr Baby zum ersten Mal baden. Vorher reicht tägliches Saubermachen mit einem warmen Waschlappen völlig aus. Sie können Ihr Kind natürlich in der großen Wanne baden, noch praktischer ist aber eine kleine, wie Sie sie vielleicht für Wäsche zu Hause haben. Am sichersten steht der Bottich auf dem Boden oder in der großen Wanne. Die ideale Badetemperatur beträgt 37 Grad (kleine Badethermometer gibt es in der Drogerie oder Apotheke), und es reicht, wenn Sie die Wanne halb mit Wasser füllen. Wann Sie die Badestunde einlegen, bleibt natürlich Ihnen überlassen – die meisten Eltern finden es schön, das Planschen mit ins Abendritual einzubauen, schließlich macht es das Baby auch schön müde. Ein weiterer guter Nebeneffekt: Baden verbessert die Koordination: Im Wasser kann Ihr Baby Bewegungen machen, die ihm an Land noch nicht gelingen würden.

Wichtig: Legen Sie sich alle Utensilien wie Waschlappen und Handtuch griffbereit – Sie dürfen das Baby keine Sekunde los- oder gar alleine lassen.

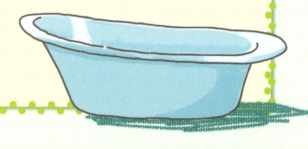

Geschwisterzeit

So wird es für alle ein guter Start

Sie haben schon ein Kind? Dann durchlebt Ihr Größeres wahrscheinlich gerade eine Zeit gemischter Gefühle: Es freut sich auf das »neue« Baby, aber werden Mama und Papa dann überhaupt noch Zeit haben? Beziehen Sie Ihr Erstgeborenes von Anfang an mit ein – schließlich versteht Ihr Großer oder Ihre Große schon eine ganze Menge. Bitten Sie also um Mithilfe: »Kannst du mir mal eine frische Windel geben? Du bist einfach der beste Assistent, den ich mir wünschen kann! Gemeinsam schaffen wir die Arbeit mit der kleinen Maus.« Oder: »Wie würdest du mir denn gerne mit dem Baby helfen, was würdest du gerne übernehmen?«

Auch praktische Dinge am besten so früh wie möglich klären und erklären: Wo wird das Babybett stehen? Welche Spielsachen braucht Ihr Großes vielleicht nicht mehr und kann sie weitergeben, um selbst Platz für Neues zu haben? Gibt es klare Absprachen, fühlt sich Ihr Kind nicht überrumpelt oder zurückgesetzt.

Gönnen Sie ihm oder ihr immer auch eigene Zeit: mit ganz viel Kuscheln! Und machen Sie dem Kind klar, dass zwar nun die Zeit mit einem weiteren kleinen Menschen, nicht aber die Liebe geteilt werden muss: »Mama und Papa haben dich genauso lieb wie vor der Geburt des Babys. Und das bleibt auch so. Eltern können zwei Kinder gleich stark lieben, du wirst nichts von unserer Liebe verlieren.«

Auch ein schönes Ritual, um Ihrem Großen die Ankunft des Nachwuchses zu versüßen: Das Baby bringt Bruder oder Schwester ein Willkommensgeschenk mit! Vor allem wenn jetzt alle Freunde und Verwandte mit Geschenken für den Nachwuchs Schlange stehen, sollte Ihr Großes nicht leer ausgehen.

Keine Sorge: Das Mitbringsel löst noch genauso viel Freude aus, wenn es einige Tage nach der Geburt vor der Tür liegt! Und umgekehrt möchte Ihr Erstgeborenes dem kleinen Bruder oder der kleinen Schwester vielleicht auch ein Spielzeug zur Geburt vererben?

Baby an Bord:

Das Wichtigste rund um Tragehilfen

Schon aus Kapitel 1 wissen wir: Babys sind Traglinge. Kein Wunder: In der Steinzeit hätte es noch den sicheren Tod bedeutet, abgelegt zu werden. Getragen zu werden, gehört also für Babys zu ihren Grundbedürfnissen. Aber auch in uns selbst steckt der Instinkt, unser Baby hochzunehmen, wenn es weint. Nur zu – Tragen ist viel mehr als eine Möglichkeit, ein Kind von A nach B zu bringen.

Drei Gründe, warum Tragen so gut für Ihr Kind ist

1. Es ist Frühförderung

Das sanfte, rhythmische Schaukeln an Mamas oder Papas Körper trainiert nicht nur Körpergefühl und Gleichgewichtssinn, auch Muskelaufbau und Körperspannung werden gefördert. Und: Beim Tragen ist Ihnen Ihr Kind so nah, dass es Ihren Herzschlag spürt – dadurch entsteht Urvertrauen.

2. Es entspricht der natürlichen Körperhaltung

Im Bauch lag Ihr Baby zusammengerollt wie ein kleines Paket – und diese Position ist auch jetzt noch seine liebste. Sie sehen es auch, wenn Sie Ihr Kind hochnehmen: Dann zieht es automatisch die Beinchen an, macht den Rücken rund und kuschelt sich an. Deshalb ist es auch völlig in Ordnung, sein Kind von Geburt an nicht nur im Arm zu tragen, sondern auch in einer geeigneten Tragehilfe: Die Wirbelsäule richtet sich erst langsam, aber von selbst auf. Das beginnt mit dem ersten Heben des Kopfes und ist fast abge-schlossen, wenn das Kind läuft.

3. Es ist ungemein praktisch - vor allem für Sie

Beim Tragen im Tuch oder einer Tragehilfe haben Sie die Hände frei und Ihr Baby trotzdem bei sich. Während es sich an Sie kuschelt oder schläft, können Sie ein paar Dinge zu Hause erledigen – oder sogar einkaufen gehen.

Und die drei wichtigsten Dinge, die Sie beim Tragen beachten sollten

1. Die korrekte Sitzposition

Ideal ist ein breiter Sitzsteg, auf dem das Kind so hockt, dass seine Oberschenkel im 60- bis 90-Grad-Winkel zueinander sind und seine Knie etwa auf der Höhe seines Bauchnabels. Eher ein schlechtes Zeichen: wenn die Beine stark baumeln.

2. Der geeignete Ausblick

In den ersten Monaten ist eine große Aussicht gar nicht nötig. Besser ist die Blickrichtung auf Mama oder Papa, so kann sich Ihr Baby auch schön ankuscheln, wenn es müde ist. Ab etwa vier Monaten können Sie ihm die Wahl lassen, indem Sie es am Rücken tragen: So kann es sich an Ihre Schulter lehnen oder neugierig darübergucken. Wer sein Baby gerne am Bauch mit Blick nach vorne trägt, sollte daran denken: Ein Spaziergang im Grünen ist für Ihr Kind sicher interessant und beruhigend zugleich, stundenlang durch die Fußgängerzone zu marschieren, überflutet es eher mit Reizen.

3. Die beste Haltung

Der Rücken eines Babys bleibt noch länger leicht gerundet – und sollte deshalb auch nicht ständig in eine gestreckte Position gebracht werden (zum Beispiel indem das Baby am Bauch mit Blick nach vorne getragen wird): Perfekt geeignet sind deshalb Tragehilfen mit verstellbarem Rückenteil und Trägern zum Knoten oder Tragetücher, weil sie aus einem festen und doch dehnbaren Stoff bestehen.

Ihr Baby wächst – mit allen Sinnen!

Das kann Ihr Baby schon & das können Sie fördern

Waren die Bewegungen in den ersten Lebenswochen noch unkontrolliert, werden sie nun gezielter: Ihr Baby strampelt liebend gerne mit den Beinen – und das kräftigt die Muskulatur. Nach ein paar Wochen Übung kann es die Beine länger in der Luft halten und sie neugierig betrachten.

Auch Arme und Hände werden schon kontrollierter bewegt: Zuerst entwickelt sich die Hand-Hand-Koordination, Ihr Kind kann die Hände vor dem Körper zusammenführen. Und sobald es seine Hände als Spielzeug entdeckt hat, gibt es kein Halten mehr: Wenn es den Kopf dreht, kann es schon ein Händchen in den Mund stecken, die Hand-Mund-Koordination ist da! Bald klappt das auch schon über die Körpermitte: Es sieht die Hände und kann sie gezielt zum Mund führen, Auge-Hand-Mund-Koordination nennt man das. Und auch die größte motorische Herausforderung dieser Monate gelingt jetzt: Ihr Kind kann in Rückenlage seinen Kopf stabilisieren. Warum das so wichtig ist? So kann Ihr Baby andere Bewegungen selbstständig ausprobieren! Zum Beispiel sich aus der Bauchlage mit den Händen abzustützen, um den Kopf etwas zu heben. Aber das ist noch anstrengend und klappt selten. Erlösen Sie Ihr Baby aus seiner Lage, wenn es nicht mehr kann – sonst ist es schnell frustriert.

Ein weiterer Meilenstein: Ihr Kind versucht nun schon ab und an, nach Dingen zu greifen – seine Hände sind nicht mehr nur zu Fäusten geballt, sondern auch mal geöffnet. Und auch wenn das richtige Greifen nicht jedem Kind bis zum Ende des dritten Monats gelingt: Das weiche Ohr des Plüschhasen kann es bei seinen Versuchen schon mal streicheln!

Ihr Baby ist jetzt auch schon viel öfter und länger wach: Unmengen an Spielzeug braucht es trotzdem noch nicht, es freut sich vielmehr über Ihre ungeteilte Aufmerksamkeit. Zum Beispiel wenn Sie seine Laute spiegeln, also nachahmen: mit Gurren und Gurgeln. Aber auch Vokale wie »aaaa« oder »eee«. Machen Sie ihm ruhig auch andere Geräusche und Laute vor: Ihr Baby lernt durch Zuhören!

Doch noch etwas ändert sich möglicherweise im zweiten Monat: Studien haben gezeigt, dass die Schreidauer von Babys mit eineinhalb bis drei Stunden jetzt am längsten ist und überwiegend zwischen 17 und 23 Uhr liegt. Sie brauchen sich aber keine Sorgen zu machen: Wenn es sonst gesund ist, verarbeitet Ihr Baby lediglich damit seine vielen neuen Eindrücke. Für Sie selbst können sich viele solcher Tage mit langen Schreiphasen wie »schwarze Tage« anfühlen: Es zerrt an den Nerven und frustriert, wenn man sein Baby nicht beruhigen kann. Tappen Sie trotzdem nicht in die Falle, jetzt zu viel zu machen. Herumtragen, mit einem Spielzeug ablenken, wieder ins Bettchen legen: Oft machen diese unterschiedlichen Reize ein Kind noch unruhiger. Tragen Sie es entweder ohne Bespaßung herum oder setzen Sie sich neben sein Bettchen – und legen ihm mal die Hand auf den Bauch: Das und Ihre Nähe beruhigen ungemein.

Trotzdem könnte der Zeitpunkt für das erste bewusste Lächeln Ihres Kindes von der Natur gar nicht besser gewählt sein: Wenn es etwa sechs bis acht Wochen alt ist, strahlt Ihr Kind Sie das erste Mal an. Auch wenn es dabei zwischen Mama oder Tante Anna noch nicht unterscheidet: Jedem, der das Strahlen geschenkt bekommt, wird das Herz aufgehen. Lächeln Sie unbedingt zurück! Warum das so wichtig ist, erklären wir noch mal ausführlich auf Seite 27.

Das macht ihr Baby glücklich

♥ Die Beinstütze

Liegt Ihr Baby auf dem Bauch und seine Fußsohlen berühren etwas, dann will es sich automatisch davon abstoßen. Nutzen Sie diesen Bewegungsreflex, denn er ist eine prima Vorbereitung aufs Krabbeln: Setzen Sie sich bequem auf den Boden, den Rücken an Wand oder Sofa gelehnt. Legen Sie sich Ihr Baby nun bäuchlings auf den Oberkörper, sodass seine Füße Ihre Oberschenkel berühren. Halten Sie es dabei so, dass Ihre Daumen auf seiner Brust ruhen und die restliche Finger gespreizt auf seinem Rücken (der Schalengriff, siehe S. 12). So kann Ihr Baby üben, den Kopf zu heben und seine Beine zu beugen und wieder zu strecken. Loben Sie seinen Fleiß!

♥ Für dich

Sie können das bewusste Greifen auch fördern, wenn Ihr Kind seine Hand zum Fäustchen geballt hat: Streichen Sie sanft an seinem Handrücken entlang – wahrscheinlich wird Ihr Kind seine Hand öffnen. Legen Sie ihm ein kleines, weiches Spielzeug hinein: eine Stoffrassel oder ein knisterndes Stück Papier, zum Beispiel Backpapier. Wenn Ihr Kind das Spielzeug fallen lässt, geben Sie es ihm wieder, dieses Mal in seine andere Hand. Wechseln Sie das Spielzeug beziehungsweise das Material nicht sofort, sondern erst am nächsten Tag.
Wiederholungen trainieren die Wahrnehmung!

♥ Guck mal!

Der Blickkontakt mit Ihrem Baby ist so wichtig wie das Sprechen mit ihm – beides ist Voraussetzung für eine sichere Bindung, das Urvertrauen. Bis zu einem Abstand von 20 bis 25 Zentimetern sehen Neugeborene auch schon so scharf wie Erwachsene: Beugen Sie sich also in diesem Abstand (das entspricht in etwa der Länge vom Handgelenk bis zum Ellenbogen) zu Ihrem Kind und sprechen Sie dabei liebevoll mit ihm. Halten Sie den Kopf möglichst still, damit es Sie besser fixieren kann. Und lächeln Sie: Auch wenn das erste Lächeln bald automatisch kommen wird – Babys brauchen ein

Gegenüber, um es weiter zu üben. In einigen Wochen wird Ihr Kind Ihnen schon mit seinem Blick folgen können. Das können Sie fördern, indem Sie ein Spielzeug im richtigen Abstand über sein Gesicht halten und es langsam von links nach rechts bewegen und wieder zurück.
Tipp: Nehmen Sie möglichst bunte oder kontrastreiche Gegenstände: ein rotes Püppchen, einen schwarz-weißen Ball oder ein blaues Auto.

Extra-Tipp: Warum Lächeln jetzt so wichtig ist

Die meisten Mütter werden automatisch zurücklächeln, wenn ihr Kind sie anstrahlt. Aber natürlich gibt es auch Mamas, die große Alltagssorgen haben, deren Babyblues länger dauert als gewöhnlich - oder die schon vor der Geburt Probleme mit Depressionen hatten: Auch wenn Sie Ihr Kind gut versorgen, Lächeln ist für ein Kind absolut wichtig, weil es sonst selbst depressiv wird. Denn angelächelt zu werden, sorgt für eine sichere Bindung und Selbstvertrauen. Wenn Sie eine Wochenbettdepression haben, holen Sie sich Hilfe - Sie haben sie verdient! Und wenn in dieser schwierigen Zeit eine andere Vertrauensperson den Part des Lächelns und Spaßmachens übernimmt, wird Ihr Kind auch ein fröhlicher, selbstsicherer Mensch werden!

♥ Gut gereimt ist heiß geliebt

Wie wir wissen, lieben Babys Berührungen. Verbunden mit einem Liedchen oder einem Reim, werden gleich mehrere Sinne angesprochen. Wir haben hier die beliebtesten Reime zusammengestellt.

Tick-tack

Große Uhren machen
tick-tack, tick-tack.
(Dabei die Arme Ihres Babys hochnehmen und ganz langsam vor seiner Brust kreuzen.)

Kleine Uhren machen
ticke-tacke, ticke-tacke.
(Jetzt die Beine in die Luft und etwas schneller kreuzen und öffnen.)

Und die kleinen Taschenuhren
machen ticke-tacke, ticke-tacke.
(Die Arme noch etwas schneller, aber vorsichtig!, kreuzen und öffnen.)

Und der Wecker macht – Rrrrrrr!
(Jetzt das Baby sanft kitzeln.)

Es geht ein Mann ...

Es geht ein Mann die Treppe rauf,
(Mit den Fingern den Arm oder Bauch des Babys hinaufkrabbeln.)

klingelingeling,
(Ihr Baby am Ohrläppchen zupfen.)

klopft an: »Guten Tag, Herr Nasenmann«.
(Sacht gegen seine Stirn stupsen und an der Nase wackeln.)

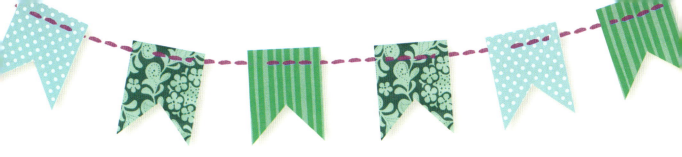

Herr Floh

Es war einmal ein Floh,
der hüpft herum ganz froh.
(Mit dem Zeigefinger auf dem Babybauch herumhüpfen.)

Und weil er dich so mag,
sagt er Guten Tag.
(Die Hand Ihres Babys nehmen und schütteln.)

Nasenhasenkuss

Kommt ein kleines Häschen,
(Mit den Fingern den Bauch entlang zum Gesicht des Babys laufen.)

das gibt deinem Näschen
mit viel Genuss
(Das Baby am Kinn kitzeln.)

einen Nasenhasenkuss.
(Nase an Nase reiben.)

Die Maus hat rote Strümpfe an

Die Maus hat rote Strümpfe an,

(Die Beine Ihres Babys halten und vorsichtig damit »radeln«.)

damit sie besser radeln kann.
Sie radelt bis nach Dänemark,
denn Radeln macht die Waden stark.

Die Maus hat rote Strümpfe an,

(Jetzt wird mit den Armen gerudert.)

damit sie besser rudern kann.
Sie rudert bis nach Dänemark,
denn Rudern macht die Arme stark.

Nackt strampeln

Was so simpel klingt, wirkt wahre Wunder, wenn es darum geht, sein Kind glücklich zu machen: Lassen Sie es regelmäßig ganz ohne einengende Kleidung und Windel strampeln. Gerade in der oft »schwierigen« Stunde zwischen 17 und 18 Uhr, wenn viele Babys müde, aber noch nicht schlafbereit sind, macht ihnen das gute Laune: Nackt kann ein Baby seine eigenen Bewegungen viel besser spüren – es kann zum Beispiel seine Zehen besser auf den Untergrund drücken: eine gute Übung für das spätere Drehen. Alles was Sie fürs Nacktstrampeln brauchen, ist ein gut geheizter Raum und eine Decke bzw. noch ein Handtuch für kleine »Unfälle« als Unterlage.

Hallo, Socke!

Ein Spiel, mit dem sich Ihr Kind auch schon eine ganze Weile allein beschäftigen kann: Ziehen Sie ihm eine Socke in einer kräftigen Farbe über den Fuß – oder auch mal über die Hand: Neugierig wird es Fuß oder Hand so heben, dass es die Farbe der Socke genau sehen kann: Das schult nicht nur die Beweglichkeit, sondern eben auch die Wahrnehmung von Farben!

Der Li-La-Luftballon!

Ein Luftballon ist ein wunderbares Spielzeug: Nur mit Luft gefüllt, ist er so leicht, dass auch Ihr wenige Wochen altes Kind ihn problemlos zum Schwingen oder Hüpfen bringen kann. Zum Beispiel so: Befestigen Sie eine Schnur am Luftballon, stellen Sie sich über Ihr Baby und lassen Sie den Ball so zu ihm runterbaumeln, dass es ihn mit den Füßen oder Händen berühren kann (ist ihm der Luftballon schon vertrauter, können Sie ihn auch über dem Bettchen befestigen). Dieses Spiel regt Ihr Kind zu Wiederholungen an (schließlich gibt es beim Berühren ein interessantes Geräusch!) und fördert seine Augenkoordination, weil es den Luftballon erst mal fixieren muss. Schließlich wird auch die Koordination von Augen und Händen sowie von Augen und Füßen trainiert. Eine Variation: Füllen Sie den Luftballon mit Salz, Sand oder Reis – die neuen Geräusche werden Ihr Kind faszinieren.

♥ Der Babyball

Ein tolles Trainingsgerät für Babys ist ein aufgeblasener Wasserball: Damit schult Ihr Kleines seinen Gleichgewichtssinn und seine Beinmuskeln noch einfacher und spielerischer als auf dem Boden: Sie brauchen nur einen Wasserball von etwa 30 Zentimeter Durchmesser, aufgeblasen sollte er bei Druck noch ein wenig nachgeben. Legen Sie Ihr Baby mit der Brust auf den Ball – dabei müssen Sie den Schalengriff (siehe S. 12) umdrehen: Die Daumen sind an den Schultern, die restlichen Finger am Brustkorb des Babys. Wenn Ihr Baby sich an die erhöhte Position gewöhnt hat, können Sie den Ball sanft vor- und zurück schaukeln, sodass seine Füße mal den Boden berühren und sich wieder davon abstoßen können. Übrigens: Ist Ihr Baby nach einigen Tagen an das Spiel gewöhnt, können Sie den Ball vorsichtig nach links und rechts bewegen.

Wie viel Schlaf braucht mein Kind?

Das ist von Kind zu Kind unterschiedlich. Und der Schlafrhythmus verändert sich auch noch von Monat zu Monat: Der Schlaf am Tag wird seltener und weniger. Diese Tabelle kann Ihnen Orientierung geben, aber Vorsicht: Es handelt sich nur um Durchschnittswerte!

Alter	1 Monat	3 Monate	6 Monate	9 Monate	12 Monate
Schlaf insgesamt	15 Std. 30 Min.	15 Std.	14 Std. 15 Min.	14 Std.	13 Std. 30 Min.
Tagschlaf Stunden/Anzahl der Schlafpausen	7 Std./3	5 Std./3	3,15 Std. /2	3 Std./2	2,5 Std./2
Nachtschlaf	8 Std. 30 Min.	10 Std.	11 Std.	11 Std.	11 Std.

Extra-Tipp: Wie kommt mein Baby tagsüber zur Ruhe?

Auch wenn - und gerade weil - Ihr Baby nun schon aufmerksamer und interessierter ist, braucht es immer wieder Ruhepausen. Das macht sogar doppelt Sinn, denn Babys, die von den Eindrücken des Tages überfordert und überreizt sind, schlafen abends schlechter ein und durch. Kein Wunder: Die Flut neuer Eindrücke kann nicht auf einmal, sondern muss immer wieder zwischendurch verarbeitet werden. Helfen Sie Ihrem Kind dabei:

- Dunkeln Sie den Raum weniger als nachts, aber trotzdem etwas ab. Wenn Sie unterwegs sind, kann ein leichtes Tuch - oder eine Baumwoll-windel - über den Augen für das entspannende Dämmerlicht sorgen.

- Eine kleine Massage wirkt entspannend für Ihr Baby, weil es sich geborgen und warm fühlt. Legen Sie Ihr Kind vor sich auf den Rücken. Streichen Sie zunächst mit der Handfläche leicht von der linken zur rechten Schulter und halten Sie diese kurz. Dann zurück. Anschließend mit sanftem Druck von der linken Schulter zum rechten Fuß und von der rechten Schulter zum linken Fuß massieren.

- Ist Ihr Kind sehr unruhig und findet nicht in den Schlaf, braucht es vielleicht eine Begrenzung: Bauen Sie mithilfe des Stillkissens ein Nest um Ihr Baby. Ganz wichtig: Nehmen Sie das Kissen sofort weg, wenn Ihr Kind eingeschlafen ist, sonst entsteht womöglich ein Wärmestau. Oder Sie pucken Ihr Baby: Dazu wird es mit einer bestimmten Technik in eine Decke gewickelt, asodass seine Ärmchen nah am Körper sind. Spezielle Pucksäcke gibt es auch zum Kaufen.

- Sorgen Sie von Anfang an für feste Abläufe, wie auch sonst im Alltag. Während Mütze und Jacke anziehen bedeutet: »Wir machen einen Spaziergang«, kommt Ihr Kind automatisch zur Ruhe, wenn Sie den Ablauf vor dem Schlaf immer gleich gestalten. Wichtig ist nur: Je kleiner das Kind, desto kürzer das Ritual, denn sonst schließt sich das Schlaffenster - und Ihr übermüdetes Kind findet nicht in den Schlaf. Ein kurzes gesummtes Lied kann über die Monate zu einer Vorlesegeschichte oder einem Gebet werden. Auch ein kleiner Spaziergang durch die Wohnung beruhigt: »Schlaf gut, Sessel. Schlaft gut, meine Schuhe. Schlaf gut, Fenster.«

Selbermach-Tipp:

Einen Greifling herstellen

Greiflinge sind jetzt perfekte Spielzeuge für Ihr Kind: Es übt dabei, seine Hand zu kontrollieren, und erfährt, wie sich unterschiedliche Materialen anfühlen und greifen lassen. Das Tolle: Einen Greifling kann man ganz leicht zu Hause herstellen: Einfach eine Socke (oder kleine Plastiktütchen) mit Watte, Butterbrotpapier, Holzperlen, Linsen, Korken, ungekochten Nudeln oder Murmeln befüllen, fest und doppelt zuknoten, fertig. Wechseln Sie den Greifling immer nach ein paar Tagen aus – zum Beispiel erst einen leichten, mit Watte gefüllten, dann einen schwereren mit Murmeln nehmen. Übrigens: Auch verschiedene Stoffe ohne Füllung sind tolle Greiflinge. Reste von Satin, Tüll, Samt oder Seide fühlen sich ganz unterschiedlich an und lassen sich prima zusammenknüllen.

Achtung: Es dreht sich!

Auch wenn es wahrscheinlich erst in ein paar Wochen so weit ist, dass sich Ihr Baby rollen kann: Man kann nie wissen, wann dieser Zeitpunkt da ist. Fangen Sie deshalb am besten gar nicht erst damit an, Ihr Kind ungesichert auf der Couch abzulegen, wenn Sie kurz den Raum verlassen. Besser: Legen Sie es auf eine Decke am Boden oder in sein Bettchen. Wenn Sie sich kurz vom erhöhten Wickelplatz wegdrehen müssen, sichern Sie Ihr Kind mit einer Hand!

Für Mama:

So geht es Ihnen jetzt, das brauchen Sie

Training für Ihren Beckenboden

Klar, spannend klingt das nicht gerade: Rückbildung, Beckenbodentraining, Atemübungen. Aber diese drei sind unglaublich wichtig, denn: 10 bis 20 Prozent aller Frauen leiden nach der Geburt unter Inkontinenz. Meist verliert sie sich wieder, aber eben nur vorübergehend: Ab etwa 60 Jahren können die Probleme dann umso stärker zurückkommen. Außer, Sie tun was dagegen, und das ist gar nicht so schwer. Schon in den ersten Tagen nach der Geburt können Sie mit Atemübungen beginnen:
Mit aufgestellten Beinen auf den Rücken legen, die Hände ruhen auf dem Becken. Ein- und ausatmen. Beim nächsten Ausatmen ziehen Sie das Schambein zum Bauchnabel, als würden Sie ein Zirkuszelt nach oben aufspannen wollen. Eine einfache Übung ist auch diese: In Rückenlage mit gestreckten Beinen die Fußgelenke überkreuzen. Jetzt die Außenseiten der Füße kräftig gegeneinanderdrücken und dabei ruhig ausatmen. Durch die Spannung wird der Beckenboden automatisch aktiviert. Wieder einatmen und so oft wie möglich wiederholen. Dabei die Füße immer andersrum kreuzen.

Tipp: Wenn Übungen wegen einer Verletzung am Damm noch sehr schmerzhaft sind, funktioniert auch das: Singen Sie Ihrem Baby mehrmals am Tag im Stehen ein Gutenachtlied vor, denn auch rhythmische Atmung stärkt den Beckenboden.

Gut zu haben!
In diesem Monat:

Decken

Es klingt so banal und ist doch so hilfreich: eine Decke für den Boden, auf der Sie Ihr Kind ablegen können. Vielleicht haben Sie noch einen Wunsch frei? Dann sollte es ruhig eine große Decke, zum Beispiel zwei auf zwei Meter, sein – denn je größer Ihr Kind wird, umso mehr bewegt es sich ja auch. Jetzt können Sie sie aber einmal in der Mitte falten, Ihr Baby erkundet seine Welt noch mit den Augen aus der liegenden Position.
Möchten Sie sich gerade keine neue Decke zulegen, tut es natürlich auch eine Tagesdecke, die Sie schon zu Hause haben!

Kleiner Tipp: Auch die kleine Version einer Decke ist jetzt sehr nützlich – Ihr Baby liebt es, darin eingewickelt herumgetragen zu werden und es kuschelig warm zu haben.

Geschwisterzeit

Stillen - so klappt's zu dritt

Oft haben die Erstgeborenen wenig Verständnis, wenn Mama sich mit dem Baby zum Stillen zurückzieht und unabkömmlich ist. Möglicherweise fällt Ihrem Großen jetzt sogar erst richtig auf, dass das neue Geschwisterchen Sie ganz schön in Anspruch nimmt. Und deshalb fordert Ihre Große oder Ihr Großer Ihre Aufmerksamkeit jetzt erst recht ein: indem das Kind auf Ihnen herumklettert, genau jetzt etwas »Verbotenes« ausprobiert – oder einen Wutanfall bekommt. Um erst gar keine Eifersucht aufkommen zu lassen, sollten Sie dem Stillen von Anfang an eine positive Note geben. Zum Beispiel indem Sie sagen: »Die kleine Maus hat Hunger, jetzt ist Vorlese- und Kuschelzeit für dich.«
So wird Ihr Erstgeborenes die Stillzeit schon bald herbeisehnen.

Eine Alternative: Ihr Großes darf schon mal seine Spielsachen vorbereiten – zum Beispiel das Puppengeschirr aufdecken, die Legosteine auspacken und nach Farben sortieren, die Kleider für die Puppe herauslegen. Wichtig: Nach dem Stillen wird aber dann auch wirklich gespielt! Übrigens: Kindergartenkinder hören auch mal gerne ein Hörspiel, während sie sich an Mama kuscheln dürfen. Oder sie machen es der Mama nach und stillen auch, ihre Babypuppe nämlich! Die kann dann anschließend gleich noch gebadet, gewickelt und frisch angezogen werden – und schon ist die Stillzeit rum.

Wickeln:
So geht's ohne Geschrei

In den allerersten Wochen werden Sie diese Ablenkmanöver zwar noch nicht brauchen, aber schon mit sechs oder acht Wochen wird Ihr Kind extrem freiheitsliebend sein – und das Wickeln zum Geduldsspiel für Sie werden.

Guck doch mal!

Gestalten Sie den Wickelplatz möglichst interessant und spannend: Das geht zum Beispiel mit einem Mobile über dem Wickeltisch. Oder mit Babyfotos, die Sie an Wand oder Decke kleben – Babys lieben es, andere Babys anzusehen. Auch eine Lichterkette ist so spannend, dass man glatt vergisst, sich gegen das lästige Wickeln zu wehren.

Ich will doch nur spielen!

Schon blöd, wenn Ihr Kind immer genau an die Windel will, die Sie ihm gerade anziehen möchten. »Opfern« Sie in schwierigen Situationen zwei Windeln: die neue für den Popo und eine für die Hände Ihres Babys. Höchst interessante Spielzeuge sind aber auch: die Feuchttücher, die Cremetube, eine Bürste oder ein unzerbrechlicher Spiegel. Und noch ein kleiner Trick: Auch ein bestimmtes Buch oder eine Rassel sind perfekte Ablenker, wenn es sie nur beim Wickeln gibt – so bleiben sie eben ganz besonders interessant!

Ein Lied, ein kleines Lied ...

... ist das Beste in jeder Situation, in der die Laune Ihres Babys gerade zu kippen droht: Und Sie müssen sich wirklich nicht verkünsteln – oftmals ist es am lustigsten, auf eine bekannte Melodie aus dem Stegreif einen lustigen Text zu dichten. Zum Beispiel auf die Töne von »Old MacDonald had a farm«:
»Ich zieh dir jetzt die Windel aus, eia-eia-o (Windel ausziehen). Da guckt ein kleiner Popo raus, eia-eia-o (Windel wegnehmen). Und es macht trip-trap-trap (mit den Fingern den Bauch hochlaufen), eia-eia-o. Jetzt mache ich dich wieder schick, eia-eia-o (Popo säubern). Und ziehe dir die Windel an, eia-eia-o (frische Windel anziehen).«
Sie sehen, der künstlerische Anspruch muss nicht da sein, Hauptsache, die Ablenkung stimmt!

Ortswechsel

Klar, alles wird irgendwann mal langweilig: auch die schönste Wickelkommode. Sorgen Sie für Abwechslung und verlagern Sie das Ritual einfach mal auf die Couch oder den Teppich.

In der Ruhe liegt die Kraft

Wickeln, das ist einerseits eine Notwendigkeit. Aber andererseits auch ein wunderschönes Ritual, das Sie ganz bewusst mit Ihrem Kind erleben können. Schieben Sie es nicht schnell zwischen Aufräumen und Kochen ein, sondern nehmen Sie sich bewusst Zeit dafür – dann wird auch Ihr Baby diese Momente lieben, die nur ihm und Mama (oder Papa) gehören. Klar, das geht nicht immer, aber vielleicht fast immer?

Kapitel 3

Vierter, fünfter & sechster Monat

Entdecken & erforschen: Das liebt Ihr Baby!

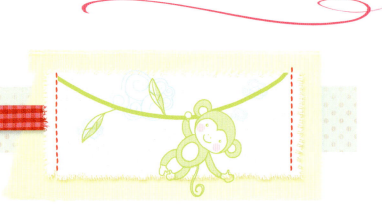

Das kann Ihr Baby schon & das können Sie fördern

Am Ende des ersten Lebenshalbjahres werden Sie das hilflose Wesen der ersten Wochen kaum mehr wiedererkennen: Natürlich ist Ihr Baby auch jetzt noch auf Ihre Hilfe angewiesen, aber es hat auch schon sehr viel gelernt: Ab etwa vier Monaten kann Ihr Kind Ihnen mit seinem Blick folgen, mit etwa einem halben Jahr sieht es fast so gut wie ein Erwachsener. Auch die Drehung von der Rücken- in die Seiten- und schließlich in die Bauchlage klappt bei den meisten Babys. Und am Ende des sechsten Monats funktioniert es manchmal sogar schon in die andere Richtung. In Bauchlage können Kinder jetzt das Gleichgewicht meist schon so gut halten, dass sie einen Arm vom Boden abheben können. Prima klappt jetzt auch das Greifen! Und wenn eine Sache erst mal in der Hand Ihres Kindes ist, wird sie auch gleich untersucht: Mit dem Mund! Ihr Kind kann jetzt schon heiß und kalt unterscheiden, aber es will auch erfühlen, ob etwas weich oder hart, spitz oder rund ist. Ein beliebter Körperteil, der jetzt in den Mund genommen wird, sind übrigens die eigenen Füße.

Ganz wichtig: Lassen Sie sich nicht durch Vergleiche mit anderen Babys verrückt machen. Jedes Kind durchläuft jeden Entwicklungsschritt in seinem Rhythmus. Zeitangaben können deshalb nur Richtwerte sein. Beobachten Sie Ihr Baby mit Gelassenheit: Vielleicht ist die Beschäftigung mit den eigenen Füßen und Händen noch so interessant, dass es das Drehen noch zweitrangig findet. Ihr Kinderarzt wird die Entwicklung auch bei den regelmäßigen Vorsorgeuntersuchungen im Blick haben. Das Thema Vertrauen spielt jetzt auch in anderer Hinsicht noch eine große Rolle: Denn Ihr Kind braucht zwar die Sicherheit, dass seine Bezugsperson theoretisch sofort zur Stelle ist. Aber im Wissen um diese Sicherheit kann es nun auch schon mal loslassen und sich eine Weile mit sich alleine beschäftigen und seinem Forscherdrang nachgehen. Deshalb haben auch kleine Versteckspiele langsam ihren Reiz: Denn Ihr Baby beginnt zu verstehen, dass Dinge, die nicht sichtbar sind, trotzdem existieren – so wie Mamas Gesicht hinter Ihren Händen. Und: Ihr Baby vertraut Ihnen schon bei höheren »Flugreisen« in Ihren Armen oder in einer Decke, die am einen Ende von Mama und am anderen von Papa gehalten wird: Dieser kleine Nervenkitzel ist auch deshalb toll, weil er Babys Gleichgewichtssinn schult. Schluss ist natürlich, wenn Ihr Kind das Gesicht verzieht oder weint. Übrigens: Auch mit Musik können Sie seine Neugier wecken: Je nach Rhythmus weckt ein Lied seine Neugier oder beruhigt es. Und nun hat Ihr Kind auch schon so viel Kontrolle über seinen Körper, dass es selbst einige Töne erzeugen kann: zum Beispiel mit Klangstäben oder Schellen. Oder mit einem geschlossenen Nudelkarton als Rassel. Das Tolle: Der Rhythmus der Musik ist ein guter Wegbereiter für den Rhythmus der Sprache. Am Ende dieser Phase, mit etwa einem halben Jahr oder etwas später, passiert noch etwas ganz Wunderbares: Ihr Baby wird ganz gezielt Sie anlächeln, seine engste Bezugs- und Vertrauensperson. Oder eben den Papa. Umgekehrt kann es jetzt auch Tränen geben – dann nämlich, wenn sich jemand nähert, der dem Baby nicht absolut vertraut vorkommt, obwohl es Onkel Peter ist, der doch schon ein paar Mal da war: Das sogenannte Fremdeln beginnt.

Das macht Ihr Baby glücklich

Blase platz!

Wenn es etwas gibt, was Kinder bis weit ins Schulalter hinein lieben, dann sind das Seifenblasen. Und auch Ihr Baby wird fasziniert sein, wenn Sie vor seinen Augen die glänzenden Blasen in die Luft pusten: Es wird sie unbedingt greifen wollen und sich danach recken und strecken! Ein lustiges Spiel, das seine Experimentierfreude anregt. Perfekt im Garten oder in der Badewanne!

Ganz schön schräg

In Bauchlage trainiert Ihr Baby, seinen Kopf zu halten. Gleichzeitig werden die Rumpfmuskeln gestärkt – alles wichtige Voraussetzungen fürs Krabbeln und eben auch schon fürs Laufen. Doch viele Kinder verlieren in dem Alter schnell die Lust, auf dem Bauch zu spielen, weil es eben auch anstrengend ist. Erleichtern Sie Ihrem Kind die Position, indem Sie ihm eine schiefe Ebene bauen – dann kann es die Arme und Hände frei bewegen. Am besten geeignet: ein Aktenorder, den Sie in ein Handtuch oder eine Decke einwickeln.

Hoch hinaus!

Wenn Ihr Kind die Bauchlage schon gut halten kann, vollbringt es schon bald eine neue Spitzenleistung: Es kann sich mit einer Hand am Boden abstützen und mit der anderen etwas greifen. Wenn Sie Ihrem Kind einen Anreiz bieten, wird es sich dieser Herausforderung gerne stellen: Legen Sie einen Gegenstand, den es gerne mag, etwas erhöht vor Ihrem Kind ab, zum Beispiel auf einen Schuhkarton. Wetten, Ihr Baby wird sich so lange bemühen, bis es an das begehrte Stück herankommt? Auch eine tolle Übung: einen Gegenstand an die Türklinke einer geschlossenen Tür hängen.

Entdeckungsreise

Noch schafft es Ihr Kind nicht alleine, sich auf Entdeckungstour durch sein Zuhause zu begeben – dabei ist dort alles so interessant! Nehmen Sie Ihr Baby deshalb mit auf eine Wanderung: Und zeigen Sie ihm die verschiedenen Räume. Benennen Sie dabei einzelne Gegenstände und erklären Sie ihren Sinn und Zweck. So lernt Ihr Kind Zuhören und bekommt ein Verständnis für die Bedeutung bestimmter Worte.

Gegensatzpaare

Die Entdeckungsreise können Sie noch ausbauen und dabei so ganz nebenbei die Sprachentwicklung Ihres Babys fördern. Und zwar, indem Sie ihm Gegensätze zeigen:
Das Fenster ist offen. Das Fenster ist geschlossen.
Das Licht ist an. Das Licht ist aus.
Mami öffnet die Tür. Mami schließt die Tür.
Das Buch ist aufgeklappt. Das Buch ist zugeklappt.

Warmer Regenguss

Die Badewanne ist immer noch ein Lieblingsort für die meisten Babys. Mittlerweile können sie auch schon in der Wanne sitzen – sicher gehalten von Mama. Weil dazu aber schon mal ein Arm genügt, können Sie mit der anderen Hand Gießkanne spielen: Einen Becher mit warmem Badewasser füllen und langsam über den Rücken Ihres Babys laufen lassen. Oder über den Bauch. Wichtig: Kündigen Sie immer vorher an, was Sie tun, und zeigen Sie Ihrem Kind den gefüllten Becher, sonst erschrickt es. Und: Wenn Ihr Baby das Spiel nicht mag, dann beenden Sie es sofort. Liebt es aber den warmen Guss, ist das eine schöne Möglichkeit, seine Körperwahrnehmung zu trainieren.

♥ Mein erstes Buch

Bücher sind wertvolle Begleiter beim Großwerden: Das erste Bilderbuch können Sie jetzt schon mit Ihrem Kind »lesen« – erklären Sie ihm einfach die Bilder, die es sieht: Ist ein Löwe groß oder klein? Welches Geräusch macht er? Wo lebt er? Oder: »Schau, das ist ein Auto. Es macht brumm, brumm. Papa fährt damit zur Arbeit.« Ihr Kind lernt so, aufmerksam und konzentriert zuzuhören – und Geräusche mit Bildern zu verbinden. Einige Bücher lassen sich auch befühlen: Ihr Kind versteht bald, wie eine Katze aussieht, dass sie miau macht und dass sich ihr Fell ganz weich anfühlt.
Ein wunderbarer Nebeneffekt des täglichen Lesens: Es ist gleichzeitig Kuschelzeit für sie und Ihr Kind.

♥ Das will ich!

Ihr Baby ist jetzt sehr neugierig – und möchte jedes Spielzeug haben, das in seiner Nähe liegt: Sorgen Sie für einen festen Untergrund, sonst hat Ihr Kind bei seinen Bewegungen keinen Halt! Und legen Sie eine eingerollte Decke im Halbkreis um seinen Spielort, damit die Spielsachen nicht immer davonkullern.

♥ Wo bin ich?

Trainieren Sie die feine Wahrnehmung Ihres Kindes, indem Sie ihm Geräusche aus unterschiedlichen Richtungen anbieten: Halten Sie eine Rassel oder ein kleines Glöckchen erst neben sein rechtes Ohr. Ihr Baby wird versuchen, die Geräuschquelle mit den Augen zu finden. Loben Sie es dafür! Dann rasseln Sie auf der anderen Seite seines Kopfes. Natürlich immer ganz sanft

Rundherum – das ist nicht schwer

Zumindest nicht mit etwas Hilfe von Mama oder Papa: Je nach Übung Ihres Babys, können Sie ihm ganz spielerisch helfen, das Drehen zu üben:

1. **Babyschaukel:** Setzen Sie sich so hin, dass Ihr Baby in Rückenlage zwischen Ihren geöffneten, gestreckten Beinen liegt. Nehmen Sie seine Füße in Ihre Hände und strecken Sie sie nach oben, Ihr Kind wird wahrscheinlich gleich danach greifen. Umfassen Sie dann Füße und Hände Ihres Kindes und halten Sie sie sicher umschlossen. Drehen Sie Ihr kleines »Päckchen« langsam zur Seite, der Kopf Ihres Kindes wird der Bewegung folgen. Warten Sie das ab, legen Sie eine kurze Pause ein und schaukeln Sie wieder zurück zur Mitte und schließlich zur anderen Seite. Sie können dabei auch ein kleines Lied singen: »Schaukel hin, schaukel her – schaukeln, schaukeln ist nicht schwer.«

2. **Rolle mit Hilfestellung:** Setzen Sie sich vor Ihr Baby, das auf dem Rücken liegt. Umfassen Sie einen Oberschenkel Ihres Kindes, und zwar so, dass der Daumen an der Oberseite, und die restlichen Finger an der Unterseite liegen. Bewegen Sie das Bein nun ganz langsam über das andere. In der Regel wird das Baby der Bewegung folgen, Kopf und Rumpf mobilisieren und sich in Bauchlage drehen, denn: Bewegt sich ein Körperteil des Babys, bewegt sich der Rest mit.

3. **Rolle ohne Hilfestellung:** Wenn Ihr Kind das Drehen schon länger übt, reicht vielleicht schon ein begehrter Gegenstand, den Sie über seiner Körpermitte zu einer Seite schwenken, damit es sich neugierig danach dreht.
Für alle Übungen gilt: Loben Sie Ihr Kind, wenn es sich mit oder ohne Hilfe zur Seite oder auf den Bauch dreht. Und: Ziehen Sie es nie mit Kraft in eine Richtung.

Guckguck!

Ein Spiel, das nahezu alle Eltern oder Großeltern irgendwann mit ihrem Kind oder Enkelkind spielen, ist »Guckguck!«: Sie halten die Hände vor Ihr Gesicht und fragen: »Wo ist denn die Mama?« Dann nehmen Sie die Hände weg und rufen »Guckguck!«. Ihr Kind wird wahrscheinlich vor Freude glucksen!

Das Gleiche funktioniert mit einem Tuch (am besten mit einem durchsichtigen aus Chiffon) oder hinter dem Sofa. Das Geniale daran: Ihr Baby lernt nicht nur, dass Dinge, die momentan verschwunden sind, trotzdem noch existieren. So wird es auch bald akzeptieren, dass Mama mal kurz den Raum verlässt. Denn es weiß ja: Mama ist trotzdem noch da.

Ihr Kind lernt aber auch, dass Dinge nach einem Muster ablaufen können: Ah, wenn Mama ruft »Wo bin ich?«, wird sie gleich wieder hinter dem Tuch hervorkommen.

Guckguck - andersherum!

Mit den Versteckspielen haben Sie das Vertrauen Ihres Kindes gestärkt: Mama oder Papa sind nicht weg, sie sind nur nicht zu sehen! Ein Zeichen, dass sich Ihr Kind weiterentwickelt hat: Es möchte jetzt selbst mal die Initiative ergreifen und sich verstecken. Also hängt es sich den Vorhang oder das Chiffontuch vors Gesicht – noch etwas ungeschickt, aber der Effekt stimmt, wenn Sie überrascht sind: »Ja, wo ist denn mein kleiner Schatz? Ach, da ist er!«

Übrigens: Auf diese Weise bestimmt Ihr Kind auch langsam selbst, wie und wie lange es spielen möchte – ein großer Schritt in Richtung Selbstständigkeit!

Es fliegt, es fliegt ... ein Baby!

Und zwar in Papas Armen: Babys lieben es, wenn man Quatsch mit ihnen macht. Umso toller: Wenn Papa für die etwas wilderen Spiele zuständig ist. Oder Opa. Oder ein Onkel. Und: Ihr Kind liebt jetzt auch den Nervenkitzel. Uih, das könnte gefährlich werden, wenn Papa mich hoch oben in seinen Armen dreht. Aber nein, er passt auf. Und das macht ja Spaß! Natürlich heißt die Devise bei solchen Spielen aber: Sofort aufhören, wenn Ihr Baby weint.
Ein hübscher Vers für dieses Spiel, bei dem Ihr Baby übrigens wunderbar seine Körperkontrolle und Muskelkraft trainieren kann:

Karussell fahren

Auf der grünen Wiese steht ein Karussell,
(Baby halten und nach oben heben.)

manchmal dreht es langsam,
(Langsame Drehbewegungen machen.)

manchmal dreht es schnell.
(Etwas schneller im Kreis drehen.)

Anhalten!
(Stehen bleiben und das Baby zum Kuscheln zu sich heranziehen.)

Einsteigen!
(Wieder nach oben nehmen.)

Festhalten!
(Spannung erhöhen.)

Und looos geht die Fahrt!
(Noch mal drehen!)

Selbermach-Tipp:

Für faszinierende Geräusche: Regenmacher und Rassel

Ihr Baby liebt Klänge – wenn sich dabei laut und leise, metallisch und weich, zart und kräftig abwechseln, umso besser! Das schult das Gehör besonders.

Für **Rasseln** füllen Sie einfach verschiedene Materialien wie Reiskörner, Murmeln, Federn oder Schrauben in kleine, leere Plastikflaschen und schrauben Sie ganz fest zu.

Ein **Regenmacher** entsteht, wenn Sie eine leere Küchenrolle an einer Seite mit Klebeband verschließen, mit Reiskörnern befüllen und auch das andere Ende zukleben. Achtung: An die Innenseite des Klebebands ein rundes Stück Papier oder Karton kleben, sonst bleiben die Reiskörner hängen.

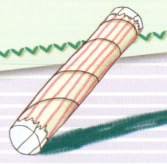

Achtung:

Ihr Baby nimmt jetzt bald alles in den Mund, was nicht niet- und nagelfest ist. Sorgen Sie dafür, dass das keine giftigen, gefährlichen Dinge sein können. Ihr Kind kann das Etikett einer Limoflasche nicht von der eines Putzmittels unterscheiden - schön bunt sehen doch beide aus!

Lagern Sie also alle Putzmittel, Medikamente und alkoholischen Getränke, aber auch den Wasserkocher und Kannen über einem Meter! Auch Kleinteile wie die locker gewordene Schraube, der abgefallene Knopf oder ein Blütenblatt sollten sofort weggeräumt werden.

Trotzdem darf sich Ihr Baby im Greifen und Befühlen kleinerer Dinge versuchen - aber nur in Ihrem Beisein. Und danach kommen die Sachen sofort in eine kleine Kiste und weit nach oben.

Eine gute Möglichkeit, sonstige Gefahrenstellen zu erkennen: Begeben Sie sich einfach mal in die Perspektive Ihres Kindes und durchkrabbeln Sie auf allen vieren Ihre Wohnung: Welche Kante ist eine mögliche Stoßstelle? Welches Kabel sichtbar genug, um daran ziehen zu wollen? Welche Tischdecke hängt verführerisch herunter? Auch jede ungesicherte Steckdose und die glänzenden Herdknöpfe werden Ihnen auffallen.

Für Mama:
So geht es Ihnen jetzt, das brauchen Sie

Zeit für sich!

Den Satz »Genieß es! Die Babyzeit ist die schönste Zeit« haben Sie ganz sicher auch schon mal gehört: vielleicht von einer Freundin mit älterem Kind oder von einer kinderlieben Passantin? Sie haben alle recht, aber: Es ist körperlich gesehen auch mit die anstrengendste Phase in einem Kinderleben – für die Mutter. Und das darf auch mal gesagt werden, ohne schlechtes Gewissen. Denn Stillen, unterbrochener Schlaf, ständige Aufmerksamkeit am Tag – all das zehrt. Und nach etwa einem halben Jahr, wenn sich auch noch der Hormonhaushalt langsam wieder umstellt, fällt uns das eben besonders auf. Gönnen Sie sich deshalb spätestens jetzt mal wieder ein Stündchen Zeit für sich selbst, wenn Papa oder Oma beim Baby bleiben können. Füllen Sie die Zeit mit etwas, das Sie wirklich entspannt: einem Friseurbesuch, einer Runde Schwimmen, einem Kaffee mit der liebsten Freundin? Sie entscheiden!

Gut zu haben!

In diesem Monat:

Die Wippe

Für den Fall, dass Sie jetzt langsam mit Beikost, also Karottenmus, Grießbrei oder Pastinakenpüree, anfangen möchten, ist eine Wippe ideal: Ihr Kind sitzt leicht aufrecht, Sie können davor knien – und in der Regel ist der Bezug aus abwischbarem Material. Gucken Sie doch mal nach gebrauchten Wippen auf dem Flohmarkt, denn für die kurze Phase der Benutzung braucht es nicht unbedingt eine teure neue. Und abgesehen von der Essenszeit sollte Ihr Baby sowieso nicht lange in einer Wippe sitzen, dafür ist die Körperhaltung nicht ideal genug. Eine gute Alternative ist das Stillkissen: Es lässt sich sehr gut zu einem stabilen Nest formen – man kann sonst auch den hinteren Teil noch mit Kissen stützen. Ein Kissen sollte auch noch unter Babys Rücken, und schon lässt sich Ihr Kind prima mit leicht erhöhtem Kopf ablegen.

Geschwisterzeit

Eifersucht:

Warum sie kommt. Und wie sie wieder geht.

Folgendes ist eine unschöne, aber ganz normale Situation: Der oder die Große haut, zwickt oder beißt sein Baby-Geschwisterchen. Die Eifersucht ist da – und oft wird Wut (nämlich auf Mama und Papa, weil die weniger Zeit haben) stellvertretend an Schwächeren ausgelassen. Was tun?

- Machen Sie sich zunächst klar, dass der Grund für die Wut nicht Aggression ist, sondern Verlustangst! Dann werden Sie automatisch verständnisvoller reagieren.

- Sagen Sie deshalb bestimmt »Nein« bei Übergriffen auf das Baby, aber schimpfen Sie Ihr Großes nicht aus, sonst fühlt es sich nur noch mehr zurückgesetzt.

- Erklären Sie ihm, sobald es sich beruhigt hat, dass es dem Baby wehtun kann – tatsächlich können Kinder die Wirkung ihrer eigenen Kraft nicht einschätzen.

- Sagen Sie Ihrem Kind in dieser schwierigen Phase besonders oft, dass Sie es lieb haben. Oder: Nehmen Sie es einfach mal fest in den Arm. Übrigens: Für große Veränderungen in der Routine Ihres Großen ist jetzt ein denkbar schlechter Zeitpunkt: Schnullerentwöhnung, Sauberkeitserziehung? Auf später verschieben!

- Verbalisieren Sie seine Gefühle, denn ihm selbst fällt es wahrscheinlich schwer, seine Emotionen einzuordnen: »Du bist traurig, weil ich manchmal weniger Zeit für dich habe. Das verstehe ich.«

- Machen Sie Ihrem Großen auch deutlich, welche Vorteile das Großsein hat: welche Spiele man schon spielen kann, was man alles essen darf, dass man selbst malen kann. Auch länger aufbleiben ist erlaubt, Freunde einladen etc.

- Und: Geben Sie Ihrem großen Kind hin und wieder eine große Aufgabe: Zum Beispiel darf es dem Baby in der Badewanne die Füße waschen. Oder mitentscheiden, wo das Babybett aufgestellt wird.

Zähneputzen:
So wird es zum Lieblingsritual Ihres Kindes

Wenn beim Anblick der Zahnbürste Indianergeheul ertönt, werden Sie sich sicher mal fragen: Muss ich da wirklich so streng sein? Ja, tut uns leid – Sie müssen. Sie würden doch auch alles daransetzen, Ihrem Kind ein wichtiges Medikament zu geben, oder? Wenn es um die Gesundheit unserer Kinder geht, ist Konsequenz wichtig. Die muss aber nicht immer streng daherkommen – sondern kann auch ziemlich lustig sein. Los geht´s:

Deine, meine, unsere

Ihr Kind liebt es, Dinge in den Mund zu nehmen und darauf herumzukauen – lassen Sie die Zahnbürste ein solches Spielzeug sein: Schenken Sie Ihrem Baby schon mit ein paar Monaten ein Exemplar zum Ausprobieren und Herumkauen, so ist die Zahnbürste schon positiv »besetzt«. Und wetten, Ihr Kind wird Sie nachahmen, wenn es Ihnen bei Ihrem Morgen- und Abendritual zusieht? Und noch einen positiven Nebeneffekt hat das Kauen: Es lindert die Schmerzen, wenn sich die ersten Zähne durchschieben.

Zähneputzen oder Kuscheln? Beides!

Die beste Position, um jemandem die Zähne zu putzen, ist gleichzeitig eine sehr gemütliche: Sie sitzen auf dem Boden und legen sich Ihr Kind zwischen Ihre leicht geöffneten Beine, sodass sein Kopf auf Ihrem Schoß ruht. Das hat gleich mehrere Vorteile: Sie sehen wunderbar in seinen Mund, kommen gut an alle Zähne ran – und können den Zwerg auch sanft »in die Zange nehmen«, wenn er ausbüxen möchte.

Schön gesungen ist halb geputzt

Schon die Kleinsten lassen sich mit Liedern wunderbar ablenken, und weil das Zähneputzen im ersten Jahr auch nur 15 bis 20 Sekunden dauert, sind die auf diese Weise im Nu rum. Wie wäre es mit: »Es tanzt 'ne Zi-Za-Zahnbürste in deinem Mund herum. Sie rüttelt sich, sie schüttelt sich – es tanzt ...« Auf die Melodie von »Bi-Ba-Butzemann« gesungen, bringt das auch Kleine schon zum Glucksen: Vor allem, wenn sich die Zahnbürste wirklich mal kurz schüttelt.

Heute putzt Frau Dr. Baktus

In kritischen Alltagssituationen hilft es manchmal ungemein, selbst in den Hintergrund zu treten – und jemand anderes »vorzuschicken«: zum Beispiel eine Handpuppe, die das Zähneputzen übernimmt. Ihr Kind wird so fasziniert von dieser Abwechslung sein, dass es ganz vergisst, sich zu wehren.

Was Sie sonst noch wissen müssen

Mit Zahnpasta oder ohne? Mit! Und zwar mit einer Kinderzahnpasta, die 0,05 Prozent (500 ppm) Fluorid enthält: Das schützt den Zahnschmelz – und somit vor Karies. Es reicht aber eine Menge so groß wie der kleinste Fingernagel Ihres Kindes. Übrigens: Bis zum zweiten Geburtstag nur einmal am Tag mit Zahnpasta putzen, sonst mit Wasser.

Auch die Zunge putzen? Ja, dazu raten Zahnärzte: Denn auch dort nisten Bakterien, die sich auf die Zähne setzen können.

Und wann zum Zahnarzt? Am besten nach dem Durchbruch der Frontzähne – Ihr Kind soll sich so an den Zahnarztbesuch gewöhnen. Hat Ihr Kind besondere Probleme, ist ein Termin bei einer Kinderzahnärztin sinnvoll, ansonsten sind Sie auch bei Ihrem Zahnarzt gut aufgehoben.

Ihr Kind wird mobil - und seine Welt ein Stück größer

Das kann Ihr Baby schon & das können Sie fördern

In diesen Monaten wird Ihr Baby perfektionieren, was es bereits erlernt hat: Es kann meist schon eine Weile sicher sitzen und sich sogar nach vorne beugen, um etwas in die Hand zu nehmen. Apropos: Ganz selbstverständlich gibt Ihr Kind nun Gegenstände von der einen in die andere Hand. Es muss seine Hände auch nicht mehr im Blick haben, um Dinge zu greifen. Und seine Feinmotorik ist gereift: Es versucht, Gegenstände nur mit Zeigefinger und Daumen zu greifen – Pinzettengriff nennt sich das. Damit kann Ihr Kind bald die Seiten eines Buches umblättern (ideal sind stabile aus Karton!) oder kleine Dinge wie eine Erbse greifen.

Der größte Meilenstein ist aber die neue Mobilität: Ihr Baby kann sich um seine eigene Achse drehen. Und: Es will sich unbedingt vorwärtsbewegen: Es robbt, schiebt sich auf dem Hinterteil nach vorne oder krabbelt am Ende dieser Phase. Eine große Errungenschaft! Es gibt aber auch Kinder, bei denen das Robben, Kriechen oder Krabbeln viel später kommt. Etwa vier Prozent der Kinder überspringen es ganz und beginnen in einigen Monaten gleich mit den ersten Gehversuchen. Und das macht auch nichts: Zwar werden durch die Kreuzbewegungen (linke Hand/rechtes Knie, rechte Hand/linkes Knie) auch beide Gehirnhälften aktiviert. Doch

Vermutungen, dass sich nicht krabbelnde Kinder später in der Schule schwerer tun würden, konnten tatsächlich nie nachgewiesen werden. Das bestätigt auch der Leiter des Kinderzentrums München Prof. Volker Mall: »Vielmehr hat Krabbeln eher eine untergeordnete Bedeutung in der motorischen Entwicklung. Sie sollten Ihrem Kind deshalb unbedingt sein Tempo und seine Besonderheit lassen, sonst behindern Sie es in anderen motorischen Bereichen.« Und: Es sind nicht nur die Kreuzbewegungen des Krabbelns, die beide Gehirnhälften aktivieren können. Der abwechselnde Einsatz beider Hände ist sogar wesentlich effektiver. Spielzeuge also einfach mal in die linke, dann wieder in die rechte Hand reichen.

Im neunten Monat zieht sich Ihr Baby auch schon mal in seinem Gitterbettchen oder am Sofa hoch – und steht! Noch allerdings sind weder Muskelkraft noch Gleichgewichtssinn so ausgebildet, dass es diese Position länger halten kann: Es plumpst zurück auf den Po.

Auch in puncto Sprache hat sich einiges getan: Denn die Laute Ihres Babys ähneln unserer Sprache mehr und mehr: Sein Tonfall hebt und senkt sich, Konsonanten sind zu seinem Repertoire dazugekommen. Übrigens: Wiederholungen machen Ihrem Kind jetzt besonders viel Spaß: »Noch mal« heißt das Zauberwort! Und das Kind versteht kleine Gesetzmäßigkeiten: Wenn ich das tue, dann passiert jenes. Deshalb lässt Ihr Kind das Stofftier nicht nur einmal aus dem Kinderwagen fallen, nein, das wird fünf- oder sechsmal passieren.

Zwei Entwicklungsschritte haben sich jetzt manifestiert: das Fremdeln gegenüber allen Personen, die nicht Mama oder Papa sind. Man spricht deshalb auch von Acht-Monats-Angst. Diese Zeit ist für Sie anstrengend, für Ihr Kind aber sehr wichtig. Nur so lernt es, eine tiefe Verbundenheit gegenüber Vertrauenspersonen aufzubauen und Fremden gegenüber zurückhaltender zu sein.

Auf der anderen Seite hat Ihr Kind nun auch sicher gelernt, dass nicht sichtbare Personen oder Dinge trotzdem existieren können. Objekt- bzw. Personenpermanenz nennt sich das.

Das macht Ihr Baby glücklich

♥ Ja. Und: Nein!

Nein zu sagen, gehört schon jetzt zur Erziehung dazu: Nicht, wenn es um Aufmerksamkeit geht – denn verwöhnen kann man Kinder im ersten Lebensjahr nicht. Aber natürlich, wenn man seinem Kind zeigen möchte, dass ein Verhalten nicht erwünscht ist. Wenn es zum Beispiel aus Neugier in Ihre Wade beißt. Oder fröhlich einem anderen Kind mit der Hand ins Gesicht patscht. Weil sich Ihre Stimmlage dabei automatisch verändert, wird Ihr Kind aufhorchen: Oh, das ist also nicht in Ordnung – Mami klingt nicht so herzlich wie sonst. Üben Sie mit Ihrem Kind den Unterschied zwischen Ja und Nein: Blättern Sie zusammen ein Bilderbuch durch, zum Beispiel mit Tieren: Zeigen Sie auf ein Pferd und fragen Sie: »Ist das ein Pferd? Ja, das ist ein Pferd!«
Nicken Sie dazu. Oder Sie zeigen auf eine Katze und fragen: »Ist das ein Hund? Nein!«
Schütteln Sie den Kopf.

Extra-Tipp: Wie wichtig sind Grenzen?

Für Ihr Kind sind Sie mindestens genauso wichtig wie Freiräume, denn Sie geben Sicherheit - nur die Menge ist entscheidend: Machen Sie sich klar, dass sich ein Kind ohne Wegweiser genauso verlaufen kann wie in einem Wirrwarr aus Verbotsschildern. Zwei, drei Verbote sind in diesem Alter also mehr als genug.
Und auch diese dürfen und müssen manchmal verändert werden, denn: Konsequenz darf nicht mit Sturheit verwechselt werden. Manchmal dürfen wir auch nachgeben, zum Beispiel weil wir einfach nicht die Nerven haben, etwas durchzusetzen - oder weil wir spät dran sind. Sagen Sie Ihrem Kind das genau so: freundlich, aber bestimmt.
Umgekehrt gilt aber auch: Respektieren Sie, wenn Ihr Kind mal nicht schmusen will - oder keinen Hunger mehr hat.

Kissenklettern

Auf dem flachen Boden kann sich Ihr Kind jetzt schon ganz gut fortbewegen. Geben Sie ihm neue Herausforderungen und bauen Sie ihm eine Straße aus Kissen, die Sie hintereinanderlegen. Es können auch mal zwei übereinandergestapelt sein, dazwischen gibt es eine Lücke, usw. Für die Koordination Ihres Kindes ist die Abwechslung der Höhe und des Untergrunds die beste Übung.

Klatschen

Für uns eine kleine Bewegung, für Ihr Kind ein regelrechtes Kunststück, das es aber schon ganz gut beherrscht: Die Hände öffnen, flach machen und mit Schwung vor dem Körper zusammenbringen. Die Bewegung können Sie spielerisch fördern, wenn Sie Ihrem Kind einen Ball zurollen, sodass es beide Hände nach vorne nimmt, um ihn aufzufangen. Zeigen Sie ihm die Bewegung auch, indem Sie erst selbst klatschen und dann die Hände Ihres Kindes nehmen und zusammenführen. Schwieriger ist es, im Rhythmus zu klatschen. Der Klassiker »Backe, backe Kuchen« eignet sich prima zum Üben: Klatschen Sie erst mit Ihrem Baby zusammen den Rhythmus, indem Sie seine Hände in Ihre nehmen. Dann klatschen Sie weiter, dann ist Ihr Kind dran.

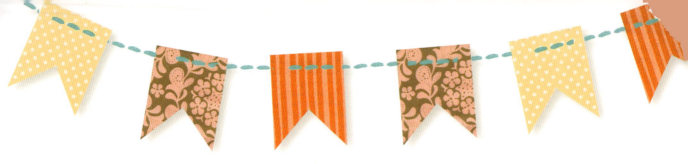

> **Extra-Tipp:** Kletterturm? Von wegen: Mama und Papa!

Besonders unwiderstehlich ist es für Ihr Kleines, auf Ihnen oder Papa herumzuklettern: Turnübungen verbunden mit Nähe, was gibt es Besseres? Lassen Sie Ihrem Kind immer mal wieder diese Freude, denn das ist Training pur! Schließlich gibt es auch hier hart und weich, bergauf und bergab.
Legen Sie neben Ihren Kopf noch ein Spielzeug, sind dem Entdeckerdrang keine Grenzen mehr gesetzt!

♥ Da ist ja was drin!

Geben Sie Ihrem Kind zwei ineinandersteckende Becher – in unterschiedlichen Farben. Wie auch bei anderen Gegenständen wird Ihr Forscher den »einen« Becher zunächst schütteln. Und dann? Hineingreifen und die Becher auseinanderziehen. Genial: Ihr Baby hat die dritte Dimension, die räumliche Tiefe, kennengelernt!

♥ Und hier kann was rein!

Stärken Sie seine Entdeckung der Dreidimensionalität und geben Sie ihm leere Plastikschüsseln oder Schuhkartons ohne Deckel. Und dazu: Wäscheklammern, Löffel oder kleine Bauklötze. Zeigen Sie ihm, dass man die kleinen Dinge in das große geben – und auch wieder ausschütten kann. Ihr Entdecker wird es anschließend mit voller Konzentration alleine versuchen. Immer wieder und wieder!

Natur für zu Hause

Geben Sie Ihrem Kind die Möglichkeit, verschiedene Materialen zu fühlen – und zwar nicht nur Stoff, Plastik und Holz, sondern auch Dinge aus der Natur: Sammeln Sie bei einem Kinderwagenausflug Blätter (frische und welke), einen Kiefernzapfen, einen langen Grashalm (den man nicht verschlucken kann!) – schon ist die »Naturkundestunde« gesichert.

Und: Raus in die Natur!

Natürlich können Sie die gleichen Erlebnisse auch direkt in der Natur haben, und noch viel mehr: Beobachten Sie zusammen mit Ihrem Kind die Katze, die gerade in Nachbars Garten verschwindet, die Enten, die auf dem Fluss dahingleiten. Und hören Sie: Klopft da vielleicht ein Specht? Auch Wind, Regentropfen oder Schnee sind für uns ganz selbstverständlich, für Ihr Kind aber eine ganz neue Sinneserfahrung. Benennen Sie alles, was Sie zusammen sehen, hören und spüren, das stärkt auch das Verständnis für Sprache! Übrigens: Schon längst werden Sie bei Ihren Spaziergängen die nahe gelegenen Spielplätze entdeckt haben – ein Besuch des Sandkastens ist jetzt schon spannend!

Höhlenforscher

Am Ende dieses Kapitels stellen wir Ihnen den selbst gemachten Krabbeltunnel vor. Jetzt hat Ihr Kind schon so viel Selbstvertrauen, sich mal in neue, dunklere Gefilde zu wagen: Eine Höhle entsteht ganz schnell, wenn Sie eine Decke über einen Tisch legen, sodass sie über drei offene Seiten hängt. Legen Sie ein paar Spielsachen hinein und beobachten Sie, was Ihr Kind macht.

Was zappelt denn da?

Gleich dreifache Förderung – und zwar des Hör-, Sprech- und Konzentrationsvermögens – und jede Menge Spaß garantieren die »Zappelmänner«: Nehmen Sie dazu einen alten Handschuh und nähen Sie an jede Fingerkuppe ein kleines Glöckchen. Wer es einfacher haben möchte, kann sich auf die Finger der eigenen Hand jeweils kleine Gesichter malen. Und schon geht´s los: Nach der Melodie der »Zehn kleinen Negerlein« können Sie jetzt die »Zehn kleinen Zappelmänner« singen – und je nach Strophe die passende Bewegung mit den Fingern machen. Das Zusammenspiel von Bewegung, Text und eventuell Geräuschen bei Fingerspielen ist perfekt, um das Verständnis von Kindern zu fördern.

Zehn kleine Zappelmänner

Zehn kleine Zappelmänner zappeln hin und her.
Zehn kleinen Zappelmännern fällt das gar nicht schwer.
Zehn kleine Zappelmänner zappeln auf und nieder.
Zehn kleine Zappelmänner tun das immer wieder.
Zehn kleine Zappelmänner zappeln ringsherum.
Zehn kleine Zappelmänner, die sind gar nicht dumm.
Zehn kleine Zappelmänner kriechen ins Versteck.
Zehn kleine Zappelmänner sind auf einmal weg.
Zehn kleine Zappelmänner rufen jetzt Hurra!
Zehn kleine Zappelmänner sind nun wieder da!

Silben-Singen

Wie schon erwähnt, geschieht das Erlernen von Sprache meist wie nebenbei: Indem Sie alles benennen, was Sie gerade tun, in die Hand nehmen oder sehen. Es ist aber genauso wichtig, einzelne Silben zu trainieren. Und das geht ganz einfach: Singen Sie bekannte Lieder, zum Beispiel ein Schlaflied wie »Schlaf, Kindlein, schlaf« auf eine bestimmte Silbe: zum Beispiel »la«, »lu« oder »ma«. Nahezu jede Silbe passt dafür. Und natürlich jede beliebige Melodie. Vielleicht wird Ihr Kind schon bald »mitsingen«.

Extra-Tipp: So lernt Ihr Kind, auch mal alleine zu spielen

Oft ist Ihr Kind so fasziniert von seinen Händen, einem Spielzeug, der Melodie der Spieluhr, dass es Sie eine Weile gar nicht braucht. Bleiben Sie in Sichtweite und lassen Sie es machen! Und auch wenn ein Spielzeug wegrollt oder das Ding einfach nicht gleich in die Schachtel passen will - warten Sie mal kurz ab, ob Ihr Kind das nicht alleine lösen kann. So lernt es, selbstständig zu werden. Bald werden Sie auch merken, wann es sich am liebsten oder ausdauerndsten alleine beschäftigt: Versuchen Sie, zu dieser Zeit auch wirklich meistens zu Hause zu sein und schalten Sie alle Störquellen wie Radio oder CD-Player ab. Übrigens: Kommentieren Sie das Tun Ihres Kindes ruhig mal mit lobenden Worten. Wird nur falsches oder negatives Verhalten kommentiert, wird dieses auch verstärkt.

Selbermach-Tipp:

Alleskönner: Kartons werden zu Tunnels, Eisenbahnen und Büchern!

Ein unbenutzter Umzugskarton, die leere Umverpackung der Großpackung Windeln – der wichtigste Gegenstand für diese Spielideen ist meist schnell gefunden.

Die Eisenbahn: Dazu einfach den Deckel des Kartons abschneiden. Mit ein bisschen Schieben und Töff-Töff wird der Karton zur Eisenbahn – für Ihr Baby oder seine Stofftiere. Wahlweise wird aus der Lokomotive natürlich auch ein Auto oder ein Schiff!

Der Tunnel: Schneiden Sie von mehreren Kartons Deckel und Boden ab und legen Sie sie mit der offenen Seite aneinander. Die Reihe nun an der Ober- und Unterseite mit Klebeband aneinander fixieren, fertig ist der Krabbeltunnel. Damit das Durchkrabbeln oder -robben für Ihr Kind besonders attraktiv wird, legen Sie ein Spielzeug ans Ende des Tunnels.

Das Buch: Zerschneiden Sie einen unbedruckten Karton in mehrere Din-A5-große Stücke und lochen Sie jede Seite, sodass Sie sie mit Geschenkband zusammenbinden können – wie ein Buch. Die festen, griffigen Seiten kann Ihr Baby prima umblättern! Illustriert wird »Ihr« Buch nun mit Bildern aus Magazinen, Katalogen und Zeitungen: Eine Mama mit Kind, ein Auto, eine Katze, die Feuerwehr – es finden sich genug interessante Bilder. Manche wird Ihr Kind sogar schon wiedererkennen.

Achtung:

Selber machen = selbstständig werden

Egal ob es Sitzen ist, Robben, Krabbeln oder eben das Laufen: Jede dieser motorischen Errungenschaften ist ein Prozess, der aus vielen kleinen Schritten besteht. Bestehen muss! Deshalb gilt: Lassen Sie Ihr Kind machen - und üben! Ihre Geduld und Ihr Vertrauen in seine Fähigkeiten sind jetzt die wichtigste Unterstützung. So können Sie ihm für eine Drehung zwar den Impuls geben (siehe 3. Kapitel S. 49, Tipp »Rundherum - das ist nicht schwer«), sollten ihm die Arbeit aber nicht komplett abnehmen. Für das Krabbeln können Sie einen Anreiz bieten (siehe linke Seite, Selbermach-Tipp) - aber nicht sofort jedes Spielzeug heranreichen. Oder wenn das Kind sich am Sofa hochgezogen hat: Helfen Sie ihm sofort hinunter oder fangen es auf, verwehren Sie ihm eine wichtige Übung: Wie falle ich am geschicktesten, damit ich mir nicht wehtue? Am Ende ist die Verletzungs- und Unfallgefahr viel geringer, wenn Sie Ihr Kind ausprobieren lassen. Dass große Gefahrenstellen wie ein Couchtisch mit scharfen Kanten möglichst entfernt werden, ist selbstverständlich. Auch ein großes Kissen als Auffangschutz können Sie Ihrem Schatz natürlich hinlegen.

Für Mama:

So geht es Ihnen jetzt, das brauchen Sie

Sanfte Bewegung

Langsam normalisiert sich Ihr Hormonspiegel wieder – und das bringt auch körperliche Veränderungen mit sich. Möglicherweise verlieren Sie jetzt viele Haare. Aber keine Sorge: Das sind nur die, die eben während der Schwangerschaft nicht ausgefallen sind und Ihr Haar so dick gemacht haben. Ihr Bindegewebe ist weicher und auch kleine Pölsterchen von Schwangerschaft und Stillzeit sind noch da. Und das ist auch in Ordnung – schließlich waren oder sind diese »Vorräte« wichtig, um die zehrende Still- und Babyzeit gut zu überstehen. Wenn Sie aber schon wieder Bewegungsdrang verspüren, ist jetzt der beste Zeitpunkt für den Wiedereinstieg – normalerweise haben auch Frauenarzt und Hebamme ihr Okay gegeben: wenn sich die Gebärmutter vollständig zurückgebildet hat und die Kaiserschnittnarbe gut verheilt ist. Starten Sie aber nicht von null auf hundert, vor allem, wenn Sie auch vor der Schwangerschaft nicht regelmäßig trainiert haben. Diese Sportarten sind jetzt ideal für Sie:

- Radfahren
- Schwimmen
- Walken
- Moderates Joggen
- Yoga
- Pilates

Übrigens: Nicht jeder hat die zeitliche Möglichkeit, ohne Kind Sport zu machen. Auf Bewegung müssen Sie trotzdem nicht verzichten. In vielen Städten gibt es mittlerweile spezielle Kurse für Mütter mit Kindern. Dabei sitzen die Kinder entweder im Kinderwagen (z. B. www.buggyfit.de, www.fitmitkinderwagen.de) oder in einer Tragehilfe vor Mamas Bauch (www.kangatraining.de). Oder Sie werden gleich als »Trainingsgewicht« miteinbezogen (z. B. www.fitdankbaby.de).

Gut zu haben!

In diesem Monat:

Ein familientauglicher Hochstuhl

Die meisten Babys können jetzt sitzen. Und deshalb auch mehr und mehr am Familienalltag teilnehmen: Dazu gehören vor allem die Mahlzeiten! Ein Hochstuhl ohne eigenes Tischchen ist jetzt ideal, denn er lässt sich direkt an den Tisch der Großen heranschieben. Und: Der Hochstuhl ist auch ein sicherer Platz für Ihr Baby, wenn Sie morgens duschen möchten, Ihr Kind aber unbedingt in Ihrer Nähe sein will. Dann wandert der Stuhl eben mit. Es lohnt sich übrigens, in ein hochwertiges Stück zu investieren. Stühle, deren Sitzhöhe verstellbar ist, lassen sich noch in der Grundschule prima als ersten Schreibtischstuhl verwenden.

Aber noch mal kurz zurück zu den Familienmahlzeiten: Auch wenn Sie noch stillen, Ihr Kind wird jetzt auch schon mal das eine oder andere Stück Gemüse, Obst oder Breze probieren wollen. Nur zu! Machen Sie die Stücke aber wirklich sehr klein (beim Gemüse nur weiche Stücke nehmen!) und bleiben Sie dabei, falls sich Ihr Kind verschluckt. Drücken Sie Ihrem Baby auch mal einen Löffel zum Ausprobieren in die Hand – Kinder lieben es, damit zu hantieren.

Geschwisterzeit

Mama, mal ganz exklusiv

Stillen, Füttern, Wickeln, Anziehen: Das Baby hat Sie sehr oft ganz alleine für sich. Ihr Großes will das auch: Erfüllen Sie ihm diesen Wunsch unbedingt ab und an. Gerade jetzt, da Sie vielleicht nicht mehr zu jeder Mahlzeit stillen, können auch Papa oder Oma mal übernehmen. Und Sie machen einen Mini-Ausflug mit Ihrem Erstgeborenen: zum Eisessen, auf den Spielplatz, in den Wald – oder ins Schwimmbad? Ihr großes Kind darf aussuchen!

Im Vordergrund steht bei diesem Ausflug natürlich der Spaß. Aber er ist auch eine gute Gelegenheit, mit Ihrem Größeren mal über seine Interessen und Wünsche zu sprechen: Je nach Alter ist nämlich ein Musik- oder Sportkurs eine gute Möglichkeit für Ihr Kind, sich vom kleinen Geschwisterchen abzugrenzen, sich seine eigenen Bereiche zu schaffen. Denn gerade für Kinder im Vorschul- oder Schulalter ist der Nachwuchs ja nicht nur ein Grund für Eifersucht, sondern auch ein Anstoß für den natürlichen Prozess, sich ein bisschen von der Mama loszulösen.

Vielleicht steht auch die Anschaffung eines eigenen Schreibtisches an – der ist nicht nur später für die Schule, sondern auch jetzt zum Malen und Basteln praktisch. Und: ein Symbol dafür, dass man auch als älteres Kind etwas Besonderes ist!

Unterhalten Sie sich doch mit Ihrem Kind über diese Möglichkeiten – außerhalb des Alltags ist es sicher auch eher bereit dazu. Und sprechen Sie auch konkreter über Ihre Gefühle, ein Kind möchte immer hören, dass es etwas Besonderes ist und weshalb. Zum Beispiel so: »Ich hab dich lieb, weil ich mit dir schon so schöne Dinge unternehmen kann ... weil ich mit dir besonders toll reden kann ... weil du mein Mädchen bist und ich mir immer eines gewünscht habe.«

Schlafen:
So klappt es!

Der Schlaf, der Schlaf. Wohl kaum ein anderes Thema treibt Eltern so um. Verständlich, denn das Schlafbedürfnis ist bei Babys ganz unterschiedlich ausgeprägt. Generell gilt: Feste, liebevolle Rituale und jede Menge Gelassenheit sind die besten Schlafbegleiter. Hier die wichtigsten Fragen und Antworten.

Tag- und Nachrhythmus: Ab wann klappt der?

Etwa ab dem vierten Lebensmonat. Vorher tun Eltern gut daran, auch den Tagschlaf ihres Kindes zu nutzen, um sich auszuruhen. Um den zweiten Monat sind viele Kinder zwischen 18 und 23 Uhr hellwach. Motivieren Sie sich mit dem Gedanken, dass Ihr »Job« nur vorübergehend außergewöhnliche »Arbeitszeiten« hat! Der Tag-Nacht-Rhythmus kommt bei Ihrem Kind ganz von alleine. Erleichtern Sie Ihrem Kind die Umstellung, indem Sie nachts für ein abgedunkeltes Schlafzimmer und Ruhe sorgen, tagsüber dagegen mehr Licht und Geräusche zulassen.

Was ist die ideale Schlafumgebung?

Besser als eine Bettdecke ist ein Schlafsack, so besteht gar nicht erst die Gefahr, dass Ihr Baby sich die Decke über den Kopf ziehen kann. Auch ein Kissen ist im ersten Lebensjahr nicht nötig und sogar gefährlich, weil ein Wärmestau entstehen kann. Und: Etwa 18 Grad Zimmertemperatur und leichte Kleidung im Schlafsack sind ausreichend. Ist der Nacken Ihres Babys warm und nicht verschwitzt, ist alles in Ordnung!

Muss ich mein Baby immer gleich trösten, wenn es im Bett weint?

Quengelt es nur etwas vor sich hin, ist das eher ein Weg, Erlebtes zu verarbeiten. Warten Sie kurz ab. Lassen Sie Ihr Kind aber nicht wirklich schreien oder länger weinen – es will und kann Sie in seinem ersten Lebensjahr noch nicht manipulieren: Wenn es weint, braucht es wirklich Ihre Nähe. Oft reicht aber schon sanftes Streicheln ohne Rausnehmen.

Wann übersteht ein Kind die Nacht ohne Trinken?

Mit zehn Monaten kommt jedes Kind ohne nächtliche Milchmahlzeiten aus. Theoretisch. Die liebe Gewohnheit kann schuld sein, dass die innere Uhr Ihres Kindes um zwei Uhr morgens auf »Trinken« programmiert ist. Und manchmal wird es tatsächlich tagsüber nicht satt. Zum Beispiel, wenn es gerade einen Entwicklungsschub macht – und alles wahnsinnig spannend findet. Was tun? Versuchen Sie zunächst wieder für mehr Nahrungszufuhr am Tag zu sorgen, indem Sie beim Essen jede Störquelle ausschalten und für eine Mahlzeit wieder mehr Zeit einplanen. So kann sich der Rhythmus in den nächsten Wochen umstellen. Ist Ihr Kind sicher satt und fordert trotzdem nachts eine Mahlzeit, ist Papa dran: Weil er »nur« beruhigt, ohne gleichzeitig eine Nahrungsquelle zu sein, fällt vielen Kindern die Umstellung so leichter.

Schlafen: Immer zur gleichen Zeit?

Ab etwa sechs Monaten sollte ein bestimmter Rhythmus eingehalten werden: Ab dann hat Ihr Kind eine »innere Uhr«, es wird ungefähr immer zur selben Zeit müde. Einmalige Ausnahmen wie ein Arztbesuch sind natürlich kein Problem, ein wöchentlich stattfindender Babykurs sollte aber um die Schlafzeiten Ihres Kindes herum geplant werden.

Kapitel 5

Zehnter, elfter & zwölfter Monat

Auf den eigenen Beinen, oder: Die Babyzeit geht zu Ende

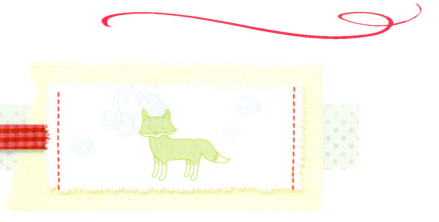

Das kann Ihr Baby schon & das können Sie fördern

Bald ist die Babyzeit zu Ende – und Ihr Kind ist schon ein richtiges Kleinkind. Der nächste große Entwicklungsschritt ist das Laufen! Aber keine Sorge, wenn das in den nächsten Monaten noch nicht klappt: Die meisten Kinder beginnen damit erst nach dem ersten Geburtstag, einige sogar noch ein halbes Jahr später. Wichtig zu wissen ist: Sie können den Zeitpunkt nicht beeinflussen. Außer indem Sie Ihrem Kind Bewegungsfreiheit lassen. Sein Rumpf und die Fußgelenke müssen so kräftig sein, dass es den nötigen Halt findet. Wahrscheinlich hangelt sich Ihr Kind gerade im Reling-Gang am Sofa entlang. Oder will die Treppe auf allen vieren erklimmen. Bleiben Sie in seiner Nähe, aber lassen Sie es machen: Kinder, die stets ängstliche Ermahnungen hören, werden unsicher und in ihrer Entwicklung ausgebremst. Hat Ihr Kind schon die ersten Schritte gemacht, wird es so oft wie möglich an Ihren Händen sein Zuhause erkunden wollen. Tun Sie ihm diesen Gefallen, denn die Erkundungstouren erweitern sein Raumdenken, verschaffen ihm neue Eindrücke und vor allem eines: viel Übung beim Laufen. Auch kleine Hindernisse auf dem Weg sind jetzt perfekt, um die Motorik und den Gleichgewichtssinn zu schulen. Ein zusammengerolltes Handtuch oder einfach nur ein Stift auf dem Weg: Ihr Kind muss den Fuß etwas anheben, um darüberzukommen. Auch eine schiefe Ebene ist ein prima Training für die Koordination: Dazu das letzte Drittel einer festen Matratze oder eines Bretts auf eine zusammengerollte Decke legen und Ihr Baby an der Hand darüberführen.

Aber auch wenn die ersten Schrittchen noch nicht da sind – Ihr Kind weiß bereits, dass es sich nicht mehr mühevoll zu einem geliebten Spielzeug bewegen muss. Es gibt ja auch Hilfsmittel: Schnüre oder Stöcke, an denen man ziehen oder sich das Benötigte damit heranholen kann. Ihr Baby erkennt jetzt Zusammenhänge, das Wenn-dann-Denken ist in den letzten Monaten noch ausgeprägter geworden. Und: Ist das gewünschte Spielzeug schließlich in seiner Nähe, wird es auch schon mal mit dem Zangengriff (Daumen und Zeigefinger werden gebeugt) hochgenommen.

Auch in anderer Hinsicht ist Ihr Kleines schon ganz schön selbstbestimmt: Um den ersten Geburtstag herum und spätestens mit der neuen Selbstständigkeit des Laufens kommen auch die ersten Wutanfälle. Weil seine Neugier und sein Unternehmensdrang oft noch mit seinen Möglichkeiten kollidieren, ist es oft enttäuscht und wütend. Versuchen Sie gelassen zu bleiben – Schimpfen verkürzt einen Wutanfall nicht, im Gegenteil. Besser: Fassen Sie seine Gefühle für Ihr Kind in Worte – und warten Sie ab, bis es sich beruhigt hat. Dann ist Trost die beste Hilfe.

Ein weiteres großes Thema ist Essen: Und zwar nicht mehr unbedingt nur Babybrei oder Püriertes aus dem Gläschen – Ihr Kind ist jetzt auch schon sehr interessiert daran, was Mama und Papa so essen. Lassen Sie es probieren: Wenn Ihr Kind schon richtig mitisst, sollten Sie lediglich etwas weniger würzen. Das Kauen fällt Ihrem Kleinen jetzt gar nicht mehr so schwer: Schließlich hat es in der Regel auch schon vier Zähnchen.

Übrigens: Sie werden höchstwahrscheinlich einen weiteren besonderen Moment in diesen Monaten erleben: Ihr Kind sagt das erste Mal »Mama« oder »Papa«. Aber auch wenn Sie noch lange die wichtigsten Spielkameraden für Ihr Kind bleiben, es ist auch schon an anderen Kindern interessiert: Nicht als Spielpartner, aber es beobachtet liebend gerne seine Altersgenossen!

Das macht Ihr Baby glücklich

♥ ### Mit Gefühl

Ihr Kind beobachtet Sie genau: Und so lernt es durch Sie auch den Umgang mit Emotionen – und Mitgefühl: Je mehr Liebe Sie also Ihrem Kind schenken, umso einfacher wird es ihm fallen, Gefühle zu zeigen. Möchte Ihr Kind gerade nicht kuscheln, müssen Sie das natürlich respektieren. Zeigen Sie ihm auch, wie man sich um jemanden kümmert: Wiegen Sie seine Puppe oder sein Kuscheltier, zeigen Sie ihm, wie Trösten funktioniert. Ihr Kind wird schon bald selbst »Mami« spielen.

♥ ### Es rollt - und rollt - und rollt!

So einfach und doch so effektiv: Geben Sie Ihrem Kind eine Küchen- oder Toilettenpapierrolle (sie sollte aber noch nicht ganz leer sein!), denn damit lässt sich eine ganze Menge üben. Das Hinterherkommen: kriechend, krabbelnd oder sogar laufend? Dass es mit seinem Tun etwas bewirken kann: Durch Anstupsen rollt dieses Ding und wird zur weißen Papierschlange. Und dass es noch eine andere Variante gibt: Rollt man die Rolle in die andere Richtung, wird die Papierschlange wieder kleiner.

♥ ### Wasser marsch!

Wasserspiele gehören zu den liebsten Beschäftigungen Ihres Kindes: Wunderbar, denn dabei lernt es eine Menge an Feinmotorik, Koordination und über Zusammenhänge. Ideale Spielorte sind das Planschbecken auf Balkon oder Terrasse oder die Badewanne. Ist beides nicht möglich, funktioniert es aber auch mit einem kleinen Plastikzuber, vor den Sie Ihr Kind setzen. Kleine, leichte Gegenstände wie eine

Plastikente können angeschubst, unter Wasser gedrückt und wieder ausgedrückt werden. Ein Highlight sind auch Becher: Sie können befüllt und ausgegossen werden – und zwar wieder und wieder. Und: Geben Sie Ihrem Kind doch mal einen Schwamm, das Ausdrücken fördert auch die Feinmotorik!

Extra-Tipp: Trost heilt

Kennen Sie den Spruch »Ein Indianer kennt keinen Schmerz«? Sie können ihn getrost vergessen. Denn auch kleinen Indianerjungen und -mädchen darf etwas wehtun. Und dann haben Sie ein Recht auf Zuwendung und Trost. Oft reicht es schon, wenn Sie Ihr Kind nach einem Sturz oder Missgeschick kurz in den Arm nehmen und sagen: »Das war jetzt ein Schreck, oder? Der dumme Tisch steht da einfach im Weg.« So nehmen Sie Ihr Kind ernst, ohne den Vorfall zu dramatisieren. Meist lässt es sich auch schnell wieder ablenken. Zum Beispiel mit einem Vers. Der Klang beruhigt und irgendwann versteht Ihr Kind auch den tröstenden Inhalt: Alles wird wieder gut.

Ene, mene

Ene, mene, minke, tinke,
wade, rade, rolke, tolke,
wiggel, waggel - weg!

Längst vorbei

Wo tut's weh?
Trink ein Schlückchen Tee,
iss ein Löffelchen Haferbrei,
morgen ist es längst vorbei!

♥ Richtig geraten?

Um das Verständnis und die sprachlichen Fähigkeiten Ihres Kindes zu fördern, können Sie immer mal wieder folgendes Spiel versuchen. Aber nicht enttäuscht sein, wenn es noch nicht oder selten von Erfolg gekrönt ist – es ist auch wirklich sehr anspruchsvoll. Stellen Sie drei Spielzeuge vor Ihrem Kind auf. Heben Sie jeweils eines hoch und nennen Sie seinen Namen, zum Beispiel »Auto«, »Zug«, »Puppe«. Bitten Sie Ihr Kind, Ihnen die »Puppe« zu geben. Gelingt es ihm, das Richtige zu nehmen, loben Sie es! Und so geht´s weiter, bis Ihr Kind das Interesse verliert. Das Gleiche funktioniert – für »Fortgeschrittene« – übrigens auch mit der kleinen und großen Variante eines Gegenstands, zum Beispiel einem kleinen und einem großen Teddybär. Die Aufforderung lautet dann natürlich: »Gib mir den großen Teddy.«

Extra-Tipp: Rituale geben Sicherheit

Manche Kinder haben größere Schwierigkeiten, sich selbst zu regulieren als andere. Vor allem ihnen helfen feste Rituale - denn die geben dem Tag eine Struktur, und das vermittelt Sicherheit und Geborgenheit. Aber auch sonst gilt: Rituale tun gut - und Sie stärken das Wir-Gefühl einer Familie!
Neben festen Essens- und Schlafenszeiten, kann das der Spaziergang nach dem Frühstück sein, die Kuschelpause mit der Mama am Sofa, die Spielzeit mit dem Papa vor dem Abendessen oder das Planschen in der Badewanne vor dem Zubettgehen. Versuchen Sie herauszufinden, was Ihrem Baby Spaß macht - und zu Ihrem Alltag passt.

Vorsicht, Kopf einziehen!

Krabbeln oder robben kann Ihr Kind jetzt wahrscheinlich schon. Geben Sie ihm eine neue Herausforderung, indem es sich dabei etwas kleiner oder schmaler machen muss: Stellen Sie einen Stuhl in die Mitte des Raumes und setzen Sie sich auf die andere Seite davon. Zeigen Sie Ihrem Kind einen Gegenstand, den es noch nicht kennt – oder sein Lieblingsspielzeug –, und rufen Sie es: Beim Durchkrabbeln unter dem Stuhl muss es den Kopf einziehen. Für Fortgeschrittene: Zwei unterschiedlich hohe Stühle hintereinander aufstellen oder einen niedrigen Tisch als Tunnel nehmen.

Für Bergsteiger

Auch Klettern will geübt sein – und es erweitert nebenbei auch die Raumerfahrung Ihres Krabbelkindes. Legen Sie eine Matratze so auf das Sofa, dass eine schiefe Ebene entsteht. Oder über mehrere Kissen, sodass es auf der anderen Seite wieder bergab geht. Und los geht die Bergtour!

Große Dame, großer Herr

Spaß muss sein. Und mit am meisten Freude hat Ihr Kind – und das wird auch die nächsten Jahre so bleiben – beim Verkleiden: Geben Sie ihm dazu einen Korb mit Mützen und Hüten von sich und setzen Sie Ihr Kind vor einen großen Spiegel. Das Überziehen der Kopfbedeckungen ist prima für die Koordination – und sich dann im Spiegel zu betrachten, ein großer Spaß!

Hör mal hin

Ein hübsches Spiel, um die Hör- und Konzentrationsfähigkeit Ihres Kindes zu trainieren: Verstecken Sie irgendwo im Raum die Spieluhr und ziehen Sie sie auf. Fragen Sie Ihr Kind: »Wo ist die Spieluhr?« oder »Wo kommt die Musik her?«, und machen Sie sich gemeinsam auf die Suche.

Pizza backen

Nicht wirklich, sondern in Form einer Massage. Die ist aber mindestens genauso beliebt bei Kindern. Ihr Schatz liegt vor Ihnen auf dem Rücken (anschließend auch gerne auf dem Bauch), und Sie machen Pizza aus ihm – ganz sanft natürlich: Zuerst wird der Teig vorsichtig geknetet (mit den Fingerkuppen den ganzen Körper massieren), dann ausgerollt (die flache Hand streicht sanft über Gesicht, Arme, Beine und den Bauch). Anschließend kommen die leckeren Zutaten drauf: Käse, Salami, Tomaten. Mmhh, lecker!

Extra-Tipp: Mach's noch mal, Baby

In diesen Monaten entwickelt sich das Großhirn Ihres Kindes so rasch wie noch nie! Und am schnellsten lernt Ihr Kind durch Wiederholungen. Das bedeutet keineswegs, dass Sie Ihr Kind zum ständigen Wiederholen antreiben sollen – gespielt wird nur, solange es Spaß macht. Sie müssen aber die Spiele oder Anreize für Ihr Kind auch nicht ständig wechseln. Oft bergen ein und dasselbe Spiel oder der gleiche Gegenstand viele, viele Variationen, und die werden immer besser eingeübt. Das Gleiche gilt übrigens für Aktionen und Gesten im Alltag: Wenn Sie jemandem immer hinterherwinken, wenn er den Raum verlässt, wird Ihr Kind das schnell nachmachen - und auch verstehen. Da geht jemand, wir haben ihn verabschiedet.

Türme müssen her!

Türme zu bauen, ist schon eine motorische Meisterleistung für Ihr Kind: Die Hand muss genau so gedreht werden, dass ein Becher oder Baustein auf den nächsten gesetzt werden kann. Dazu muss auch die Auge-Hand-Koordination schon gut ausgereift sein. Aber Übung macht den Meister: Zeigen Sie Ihrem Kind mit zwei Plastikbechern oder Schüsseln, wie es geht. Auch gut für die Geschicklichkeit, aber doch etwas leichter ist es mit Stecktürmen. Wenn Sie keinen haben, ist er auch leicht selbst gemacht:
Zum Beispiel mit einem leeren Küchenrollenhalter und Haushaltsgummis sowie Armreifen. Übrigens: Der Ärger über zusammengestürzte Stapeltürme ist bei manchen Kindern groß. Lachen Sie mit Ihrem Kind darüber, wenn wieder einer zusammenbricht, so ist es weniger schnell frustriert.

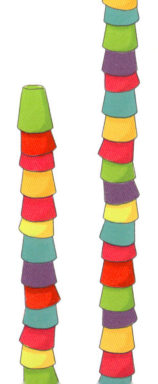

Selbermach-Tipp:

Fühlstraße für kleine Krabbler

Ein Sinnesparcours ist deshalb eine tolle Spielidee für Ihr Kind, weil durch die unterschiedlichen Untergründe nicht nur seine Sinne angesprochen werden. Auch seine Koordination und sein Gleichgewichtssinn sind gefragt. Und so geht´s: Schneiden Sie einen Karton in mehrere gleich große Vierecke (etwa 50 x 50 Zentimeter) und kleben Sie sie so aneinander, dass eine Straße entsteht. Die einzelnen Kartons anschließend mit verschiedenen Materialen bekleben: zum Beispiel Alufolie, einem Stück Teppich oder Sisal, Watte, Gras, feinem Schmirgelpapier, Backpapier, Wollresten.

Achtung:
Lauflernhilfen sind unnütz – und gefährlich!

Der Name klingt zwar vielversprechend, aber nicht alle Produkte, die unter der Bezeichnung »Lauflernhilfe« verkauft werden, bringen etwas. Im Gegenteil: Manche sind sogar eine richtige Gefahrenquelle! Denn in sogenannten Babyhopsern oder Babywalkern hängen die Kinder so, dass sie gerade noch Kontakt mit dem Boden haben, aber die Füße nicht mehr abrollen können. Genau das müssten sie aber üben. Sie können auch nicht lernen, sich im Gleichgewicht zu halten. Außerdem werden Hüfte und Rücken falsch belastet. Das ist nicht nur ungesund, sondern hat auch zur Folge, dass Kinder sogar langsamer Laufen lernen. Und: Die beweglichen Plastikgestelle können eben auch sehr unfallträchtig sein. Kinder erreichen damit eine Geschwindigkeit bis zu zehn km/h – und nicht wenige sind deshalb schon ungebremst die Treppe hinuntergestürzt. Also: Finger weg von diesen Geräten und lieber auf die natürliche Entwicklung vertrauen!

Für Mama:
So geht es Ihnen jetzt, das brauchen Sie

Eine vertrauensvolle Vertretung

Vielleicht haben Sie schon einen Nachmittag eingeführt, in dem sich Oma und Opa um Ihr Baby kümmern? Und weil das Fremdeln langsam abklingt, ist das jetzt auch der beste Zeitpunkt. Haben Sie keine feste Betreuungsmöglichkeit, sollten Sie überlegen, ob sich die Suche nach einem Babysitter lohnt: So helfen Sie Ihrem Kind, für kurze Zeiträume auf Sie zu verzichten. Auch Termine wie Gespräche mit dem ehemaligen Chef oder ein Friseurbesuch lassen sich so leichter organisieren. Ausgebildete Babysitter finden Sie über Elternschulen, Familienbildungsstätten oder die Vertretung des Kinderschutzbundes am Ort. Kirchen bieten oft einen Leihomaservice an. Oder Sie fragen in der nächsten Kinderkrippe, ob eine der Erzieherinnen in ihrer Freizeit babysittet.
Hier eine kleine Checkliste für die Wahl des richtigen Babysitters:

Erfahrung Hat der Babysitter Geschwister? Schon mal auf ein Kind aufgepasst? Oder am besten einen Babysitterkurs gemacht?

Erste Hilfe Weiß er oder sie, was in Notsituationen zu tun ist?

Zuverlässigkeit Kommt der potenzielle Sitter schon zum Vorstellungsgespräch pünktlich?

Interesse Fragt der Babysitter nach Vorlieben oder Besonderheiten Ihres Kindes?

Sympathie Es ist nur ein Bauchgefühl, aber auch das zählt: Macht der Babysitter einen herzlichen Eindruck auf Sie?

Gut zu haben!
In diesem Monat:

Rutschfeste Söckchen oder dünne Lederschühchen

Wie gesagt: Ihr Baby wird jetzt richtig mobil. Auch wenn es noch nicht zu laufen beginnt, so zieht es sich schon am Sofa oder Sessel hoch und hangelt sich daran entlang. Jetzt braucht es Halt, aber nicht in festen Schuhen. Darin könnte sich die Fußmuskulatur nicht weiterentwickeln, und Ihr Kind hätte auch kein Gefühl für den Untergrund, auf dem es steht. Besser: Sie lassen es barfuß laufen oder ziehen ihm Socken mit rutschfesten Noppen auf der Sohle oder Schläppchen aus Leder an. Darin kann es sich natürlich bewegen und hat trotzdem etwas mehr Bodenhaftung. Macht Ihr Kind schon seine ersten Gehversuche draußen – und es ist nicht gerade Sommer –, müssen natürlich schon feste Schuhe her. Hier bitte nicht auf Verdacht und ohne Probieren kaufen. Im Fachgeschäft kann man Sie über geeignete Schuhe für Laufanfänger beraten – und der Fuß Ihres Kindes wird vermessen.

Geschwisterzeit

Zusammen sind wir: ein Spielteam!

Die größte Eifersucht bei Ihrem älteren Kind hat sich wahrscheinlich schon gelegt: Der Tagesablauf hat sich eingespielt, und das Baby beschäftigt sich auch mal alleine, sodass Mamas Aufmerksamkeit nicht mehr völlig vom kleinen Geschwisterchen vereinnahmt wird. Und: Jetzt ist auch schon das eine oder andere Spiel zusammen möglich. Das Gute daran: Ihr Großes kann jetzt auch genau das sein – großer Bruder oder große Schwester, indem es nämlich dem Baby eine Aktion zeigt und erklärt. Machbare Spielideen sind:

- ### Hin und her:

  Beide Kinder sitzen sich gegenüber und rollen sich einen kleinen Ball hin und her.

- ### Hund und Hündchen:

  Mit »wau-wau« durch die Wohnung zu krabbeln, ist auch für Kindergarten- oder Schulkinder noch ein großer Spaß. Und Baby flitzt hinterher!

- ### Auf und davon:

  Binden Sie ein Spielzeug Ihres Babys an eine Schnur oder Kordel. Ihr Großes darf jetzt der Lockvogel sein und das Spielzeug immer ein Stückchen von seinem kleinen Geschwisterchen wegziehen. Das wird seine helle Freude haben, dem ersehnten Ding hinterherzukommen. Vorausgesetzt, es darf dabei auch mal erfolgreich sein!

Herzlichen Glückwunsch zum ersten Geburtstag!

Ein Jahr ist um – auch ein Grund zum Feiern für Sie: 365 Tage haben Sie die Aufgabe, Mama zu sein, schon gestemmt! Ob nur mit der Familie oder etwas größer mit Freunden und deren Kindern – feiern sollten Sie diesen Tag auf alle Fälle. Auch wenn Ihr Kind noch nicht weiß, worauf angestoßen wird, es spürt, dass es im Mittelpunkt steht. Ein Tipp: Legen Sie die Feier so, dass Ihr Kind schon Mittagsschlaf gehalten hat – und begrenzen Sie sie, sonst wird es Ihrem Kind zu viel, und das wäre doch schade.

Hier einige Ideen, um diesen besonderen Tag zu feiern, zu zelebrieren, in Erinnerung zu behalten:

Das Jahr in Bildern

»Schau mal, das war gleich nach der Geburt! Und hier: Sein erster Zahn.« Ein Fotoalbum anzusehen, ist eine Reise in die Erinnerungen. Wetten, Sie haben von jedem Babymonat nicht ein, sondern ein Dutzend Fotos? Suchen Sie für jeden Monat eines davon heraus und geben Sie die zwölf in chronologischer Reihenfolge in ein Fotobuch zum Falten.

Aus Kleid wird Kissen

Wenn Sie sich noch einmal Nachwuchs wünschen, bewahren Sie die meisten Kleidungsstücke, die Ihrem Baby zu klein geworden sind, natürlich noch auf. Aber selbst dann können Sie vielleicht das eine oder andere Stück entbehren und es einer neuen Bestimmung zuführen: Nähen Sie daraus ein Patchworkkissen fürs Kinderzimmer!

Rituale gehören dazu

Stellen Sie zum Beispiel eine bestimmte Kerze nur am Geburtstag auf (siehe auch Selbermach-Tipp). Oder es gibt eine Geburtstags-Girlande. Auch eine erweiterbare Krone aus buntem Tonpapier oder Stoff (mit Gummiband am Verschluss) wird Ihr Kind lieben! Ein bestimmtes Geburtstagslied, ein spezieller Kuchen – der Fantasie sind hier keine Grenzen gesetzt. Vielleicht führen Sie auch einfach die Rituale weiter, die Ihnen selbst als Kind immer ein besonderes Leuchten in die Augen gezaubert haben.

Selbermach-Tipp:
Diese Geburtstagskerze strahlt doppelt

Denn sie wird mit viel Liebe selbst dekoriert und gestaltet. Und das ist wirklich ganz einfach:

Sie brauchen eine dicke Kerze, Wachsplatten aus dem Bastelladen, ein Stück dünnen Karton, eine Schere und ein Teppichmesser. Die Wachsplatten auf einen schnittfesten Untergrund legen, zum Beispiel auf ein altes Tischset aus Plastik. Schneiden Sie aus dem Karton zunächst verschiedene Motive als Schablonen aus. Diese werden auf die Wachsplatten gelegt und vorsichtig mit dem Teppichmesser nachgeschnitten. Das können Herzen sein, eine Blume, ein Auto – oder Zahlen für das jeweilige Alter Ihres Kindes. Die Wachsstücke vorsichtig auf die Kerze legen, gleichmäßig andrücken, fertig.

Dein erstes Jahr

1. Monat	2. Monat	3. Monat	4. Monat
5. Monat	6. Monat	7. Monat	8. Monat
9. Monat	10. Monat	11. Monat	12. Monat